出生入世渾然一體

印度的智慧

林太　著

U0084545

前言 FOREWORD

出生入世渾然一體

——林太

按我們約定俗成的「智慧」概念去考察印度民族的智慧，用我們自身的「智慧」標準去衡量印度人的思維結晶，這難免會產生偏差。

例如，對於印度宗教經典中有些詞句再三、再四重複的現象，印度人認為這是前輩們用來突出重點，表示秩序、甚至神聖性的好方式，是他們為達到上述目的，經過深思熟慮後選擇的上佳方法。但是按照我們的標準，這也許是「冗煩」、「拖沓」，令人難以忍受；就像廟裡的和尚在有滋有味地誦經，而一旁的我們卻眼皮直往下垂一樣。

一位印度學者曾嚴肅而略帶自豪地告訴我，印度歷史上各大宗教都倡導節慾，因此節慾的理論能體現出印度人智慧的一個側面。在這種智慧的指引下，印度民族至今仍十分注重節慾。然而，我內心不免嘀咕，印度當前人口爆炸，這總不是節慾的結果；印度長期以來盛行童婚，從某種意義上說，這不是提倡盡早泄慾嗎？……

（編按·截至 2018 年 1 月為止，印度人中佔世界第二已達 13.4 億，僅次於第一名的中國，而她人口的成長速度卻比中國還快，所以離第一名也是指日可期的了。）

因此，要把握一個不同民族的智慧，實在很難、很難，事實上也是不可企及的。印度人認定的「智慧」，我也許毫不理解？對於我測度的印度民族的「智慧」，他們卻露出詫異的神色。這就是我又須向讀者言明的。本書僅供參考，不要因我的誤區而陷讀者於誤區中。

　　「能表現出印度民族的睿智閃光點即可。」主編對「印度的智慧」的要求僅此一句。主編是智者，唯智者才不斷然給「智慧」下定義。但願本書不是漆黑一團。

　　印度並非單一民族及文化的國家。印度的民族和種族非常之多，其中印度斯坦族占印度總人口的大約一半，是印度最大的民族。印度各個民族都擁有各自的語言，僅憲法承認的官方語言就有 22 種之多，其中印地語和英語被定為印度共和國的聯邦官方語言，並且法院裁定印度沒有國語。英語作為共同語言使用在印度非常流行，尤其在南印地位甚至高於印地語，但受限於教育水準，普通民眾普遍不精通英語。另外，印度也是一個多宗教多信仰的國家，世界 4 大宗教其中的佛教和印度教都源自印度。大部分印度人信仰印度教。伊斯蘭教在印度也有大量信徒，是印度的第二大宗教，信教者約占印度的 14.6%（截至 2011 年的數據，共有約 1 億 7 千 7 百萬人）。而伊斯蘭教是在公元 8 世紀隨著阿拉伯帝國的擴張而傳播到印度的。公元 10 世紀後，北印的大多數王朝統治者都是信奉伊斯蘭教的，特別是莫臥兒王朝。印度也是眾多正式和非正式的多邊國際組織的成員，包括世界貿易組織、大英國協、金磚五國、南亞區域合作聯盟和不結盟運動等。

　　以耕種農業、城市手工業、服務業以及其支撐產業為主的部分行業已經相對取得了進展。除了民族文化與北方地形的豐

富使印度旅遊業頗受歡迎之外，由於時差，大批能說英語的人才也投入外包行業（即是外國企業把客戶諮詢，電話答錄等等服務轉移到印度）。

另一方面，寶萊塢電影的文化輸出在英語圈乃至全球的影響力不亞於世界主流。同時印度還是很多專利過期藥物的生產地，以低價格提供可靠的醫療。

近年來，印度政府還大力投資本國高等教育，以利於在科學上與國際接軌，例如自主太空研究、南亞半島生態研究等等。印度最重要的貿易夥伴是美國、歐盟、日本、中國和阿拉伯聯合大公國。

本著實際上是幾年來讀書筆記的一部分，實在是「片片篇章」各自獨立，現在要把它們綴串起來，真是大傷腦筋。於是我不得不求助於「大師的智慧」。顧曉鳴兄在審讀書稿時，費心費力地一篇篇歸類，散磚亂石砌成房，令我由衷感謝。

目錄 CONTENTS

Chapter 1
人神合一的修身智慧

印度「神」在現代的魅力

「東方是精神的，西方是物質的。」儘管人們對這籠統的結論爭議頗多，但信的人還是不少。許多西方人嚮往東方，讚美東方文化，這也是實情。

叔本華（一七八八～一八六○）在讀了《奧義書》後，激動地說：「在這部書的字裡行間，到處充滿明確而徹底的和諧精神，每一頁都向我們展示了深刻、基本和崇高的思想。」馬克斯‧穆勒（Friedrich Max Müller，一八二三～一九○○）在精心研究印度後，寫了《印度，它能給予我們什麼教誨》的專著。他感歎；相對於西方文明而言，印度文化才是意義深遠的。施賓格勒（Oswald Spengler，一八八○～一九三六）在《西方的沒落》中說，歐洲文化正處於沒落時期。這結論強烈震撼了西方人的心。凱瑟林（Nermann Keysrling，一八八○～一九四六）給苦悶和迷茫中的西方人帶來了新希望，他在《一位哲學家的旅行日記》中對東方智慧充滿了美好的憧憬，並以

自身的感受向西方人推薦東方。

因此，二十世紀以來，那些為逃脫壓抑、吵鬧、畸型的西方社會的避世者，紛紛湧到印度去尋找宏福和內心的寧靜，以修復遭到創傷的心靈。

物質富裕的西方人大批湧來，這無疑對「精神富有」和「物質貧乏」的印度宗教尊師帶來了財運。

賈拉尼就是這樣一位善於捕足「財」機的老手。他是印度教的一位宗師，他的寺廟位於浦那。數以千計的西方人為了尋求精神寄託，不遠千里，紛紛自來入教。在這類人中，絕大部分屬中產階級，儘管沒有一擲千金的實力，但他們的到來，使得寺廟及附近城鎮的面貌大變，呈現一派蒸蒸日上的景象。「神」帶來的財源主要通過以下若干渠道流來。

（一）賈拉尼的寺廟大院儘管占地僅三畝，但在現代擴音設備的幫助下，聽經信徒的容納量很有彈性，常有三千～五千人，有時甚至可達一萬之眾；而據說費拉尼在全世界的信徒已有百萬以上。西方來者要吃五穀肉食，要有棲身之地，於是各類餐館紛紛開張，原有的一些房屋經過改建和裝飾，也變成了旅社。這就「以點帶面」，一個寺院養活了一大片地方。

（二）入寺院修道當然學雜費不可少。賈拉尼還規定信徒須穿修道服，於是西方人脫下牛仔服、西裝，在浦那街上低價拋售，然後以數百美金購入不值一根領帶錢的橘黃色長袍，因為穿上「橘黃色裝束，表明他們正準備投身未知世界。」當身穿清一色修道服的信徒呼拉拉坐下一片時，頗像是足球場內荷蘭隊的足球迷（——因荷蘭國家隊的隊服為橘黃色，足球迷們也穿此色服裝來加油助威）。不過，他們絕不大聲喧鬧。

（三）賈拉尼是神化般的人物，有著白色絡腮鬍子，眼睛

雖小但炯炯有神。每當面對寺院中一大片橘黃色時，他總是滿面紅光。賈拉尼每天早晨布道，一講長達幾年。入場費收入十分可觀，這為他的事業打下了堅實的基礎。

（四）為了讓眾信徒更好銘記「東方精神」，為了他們能方便地「溫故而知新」，賈拉尼的「工作班子」把布道內容編成書和磁帶。賈拉尼的傑作堪稱巨著，共達三三六本，磁帶長達四千小時。有位虔誠的信徒日以繼夜計數，查核共有四三〇〇萬詞組成！磁帶和書都放在寺院商店出售，定價高於同等物品幾倍。對於修道者來說，他們不是買，而是「敬請」寶書和寶帶，因此價格不是主要的。他們不就是為了「東方精神」而跋山涉水的嗎？據估計，單是這一項營業額，每年賈拉尼的財庫中就可淨增四百萬美元。布道的最後階段是通過沈默來作宣講，那是「默默的，心對心的交流，因為最高真諦主要取決於悟性。」這最後的無言階段大約進行了十來天。這無聲時刻也製成了磁帶，照樣出售。然而，也許是編輯的水平太有限，這「沈默」終於沒有編成書，因此第三三七卷一直沒有問世。據賈拉尼的手下人宣傳，「敬請」書及磁帶應配齊全套。這不僅牽涉到「集郵式的效應」，更主要的是精神和虔誠；因為缺掉一冊，也許幾年的修行就會功虧一簣。

（五）修道者是必須勞動的，這類勞動當然是無酬奉獻。信徒們在寺廟的手工作坊中，編織襪子、熬製肥皂。尊師告誡信徒，要修得真諦，必先穿上這種襪子（當然也是橘黃色的）。這似乎與「千里之行，始於足下」的中國名言有異曲同工之妙。肥皂就更重要了，因此冠以「神」字，稱為「神皂」。因為要洗盡世俗的一切污垢，全賴此皂。令人費解的是，勞動者製造出的這些產品須全部上繳寺廟，然後放在寺廟的商店裡一併出售給這些生產者。這「產銷一條龍」的買賣方

式看來也是「一絕」。

　　讓我們來看一下如賈拉尼等一類聖哲是如何生活的，這大概有助於我們領悟「神」對他們的青睞以及宗師們「精神變物質」的神通。

　　賈拉尼的白色長鬍鬚配上一件拖到腳踝的白長袍，儼然是典型的印度聖哲裝束。他就是以這樣的外貌出現在每天早晨約一小時的布道會上。他沒有居住在寺院，另有依山傍水的豪華邸院。每天從宮殿般的居宅趕到布道的寺院，他照例乘坐最新型的「勞斯萊斯」轎車代步。據報導，就在賈拉尼作完「沈默」布道的第二天，他就坐著頭等艙飛往美國。他在西雅圖、洛杉磯和紐約均擁有可觀的產業和商場，並且在上述地區起造幽綠環抱的現代化私人別墅。賈拉尼的專一嗜好特別強烈，他在美國共有四輛汽車，全是清一色的「勞斯萊斯」車，所以他在企業、商場和銀行之間穿梭往來時，也派頭十足。

　　順便說及，他在印度的事業並不因他的出巡而中斷，此時在他講道的椅子上，放著他的一張巨大相片，成千虔誠信徒在照片前默默跪著，賈拉尼的講道通過「新力」錄音機仍餘音裊裊。商店裡除了繼續供應尚未售完的布道著作和磁帶外，此時他的肖像大為走俏。要「敬請」到這位聖賢親手簽名的一部大型影集，則需掏出五百美元。

　　另一位宗師名叫穆魯塔，他是瑜伽冥思帝國的頭頭，總部設在離孟買一百公里的群山中，分部遍及印度其他地區，甚至遠達澳大利亞、美國。穆魯塔的產業以百萬美元計數，在全世界有一五〇萬信徒，每年的捐贈足令他高枕無憂。穆魯塔沒有「勞斯萊斯」汽車，他愛好的是「林肯—大陸」牌，並且特別

喜歡那種深藍色的豪華型三排座。孟買五星級飯店中有他的長期包房，因為他時常去那兒監督他的產業，當然也出入那兒的幾家大銀行。孟買治安不住，凶險莫測，所以他總是雇有好幾名保鏢。為了掩人耳目，他在孟買總是西裝革履。然而他在群山中的寺廟講道時，總是身穿粉紅色絲綢短袍，人們能一眼瞥見他神聖的膝蓋。這是另一副印度聖哲的打扮。

　　穆魯塔滔滔不絕的口才絕不亞於賈拉尼，他在教導信徒「擺脫知識的毒爪」時，一連講了十五個星期。在一次傳教中，一名加利福尼亞來的青年信徒竟旁若無人地大聲啜泣，繼而號哭聲如雷。人們一致認為，他捲入了穆魯塔師尊的能量場，已身不由己。這位瑜伽導師講道時不喜歡錄音，但他有錄影的癖好。所到之處，幾台「尼康」攝影機總不停歇。因此他的布道書籍是與錄影帶配套供應的。

　　「看著他的尊容，聆聽他的教誨，細細品味字裡行間的含意，我把過去的一切都忘了。」一位前德國電腦專家如是說。

容納多教的智慧

　　印度歷史上多次出現各宗教並立的時期，如公元前六至五世紀，印度婆羅門教、佛教、耆那教及各種外道（如順命外道及邪命外道）並存；而且，我們在印度古代歷史上很難發現大規模宗教戰爭的事例。

　　這與歐洲的情況大相徑庭。在西方歷史上，我們常常發現宗教抗爭。這不可避免的導致政治衝突和軍事衝突，如西方的諸多宗教戰爭，中世紀宗教裁判所對異端的殘酷迫害、十字軍東征，等等。諸如此類的情形，在印度從未出現過。

這多教並存、和睦相處的局面之所以出現，與各宗教的領袖和歷代國王的明智策略是分不開的；這或許也算得上是印度的治國或治教之道。

　　釋迦牟尼討厭「各執己見」的無休止爭論，他指責這類爭論是不道德的行為。佛陀自己從不參與這類爭辯，並認為這些爭論對於「悟道」是毫無意義的。他「告誡修行者要超越一切『戲論』（與實現宗教目標毫無關聯的爭論）。」他虛懷若谷地主張；不要一味堅持自己的教義才是「唯一的絕對真理」，否則就是「不明智」和「頑固不化」。他在這方面已走得很遠，甚至承認其他諸教、諸學都有存在的意義；認為：「只要人們相信一種學說，這種學說必然存在著一些理由。」

　　或許另一項歷史事實可以作為佛教寬和精神的佐證。佛教遍布亞洲各國，卻很少與當地的民族信仰惹起摩擦。鄉土傳統與其說遭到佛教毀壞，不如說是與佛教融為一體。最終，佛教往往與當地的信仰融合，並給予這些土生土長的信仰以哲學之基礎；這在中國的漢地與西藏、在日本及東南亞的歷史上，都得到了證明。

　　耆那教的創始人摩哈維拉主張「道理」的相對論，他努力證明對一般事物給予相對變化的判斷是可能的。這一主張用於宗教，自然使一些教義爭端變得毫無意義了。

　　金月（一○八九～一一七三）是耆那教的一代大師，他說：「爭論產生妒忌，因為一派堅持而其他派別反對。至於耆那教則不然，他們宣傳無教條和無爭論，因為他們承認『道理』的各種教義。」（《六十三完人傳》）

婆羅門教也持有類似的觀點。他們認為外道教理在婆羅門教中也有立足之地。吠檀多派視「普遍自我」（Atam）為唯一，它認為各派哲學的觀點，無論怎樣錯誤，也不管是怎樣的異端邪說，都可包含在吠檀多的「普遍自我」理論中。該派哲學家甚至到了這種地步，他們認為那些異端邪說也是「普遍自我」的表現形式，認為它們即使本身不完整，也具有部分的真理性。按照婆羅門教與印度教承上啟下的大師商羯羅的說法，「一些人承認二元論，並堅持自己學說的看法……然而吠檀多派學者（儘管是『不二論』者）與這類二元論者沒有什麼理由非要鬧得不可開交。」商羯羅把吠檀多學說和其他各類學說比擬為身軀與肢體的關係，並者重強調它們的一致性。

　　鑑於一切異學端說都有存在意義的立場，中世紀的印度哲學家（請注意，在印度的思想史上，每一位主要的哲學家都各自信仰正統的婆羅門教、佛教和耆那教，都屬於其中一個宗教教團的成員。當然，唯物論和懷疑論者除外；但它們在印度的作用是短暫的，沒有在歷史進程中紮下根。）曾試圖建立「世界諸哲學體系的哲學」，或「系統的世界觀學」。

　　歷代帝王的態度，也為多教和睦共處起了重要作用。印度的一代天驕阿育王皈依了佛教，並奉佛教為國教，但他對其他各教並不排斥。他在摩崖立詔，要「尊敬一切宗教的出家者和在俗者」，希望「每一宗教的每一信徒都能安居一處。」在另一處岩諭中，阿育王詔令天下：「在每個場合，人人應尊重他人的教派。因為只有這樣，才能增加自己教派的影響和有益於他人的教派。如不然，則削減了自己教派的影響並有害於他人的教派——所以和平友好要予以讚揚，以便人們可以聽到別人

的原則。」（塔帕爾著：《阿育王與孔雀王朝衰落》）

　　儘管羯陵伽國王卡羅毗拉對耆那教有著熾熱的感情，但他仍被稱作「敬重一切宗教的人」，許多寺院、神殿在他的統治時期得到修繕。生於亂世的他，雖有一些征國掠地的軍事行為，但沒有迫害過任何宗教的教徒。

　　在貴霜王朝迦膩色迦國王統治期間，佛教大盛，召開了「第四次佛教徒結集」。會後，國王派遣使團去中亞和中國傳教。儘管他對佛教虔誠篤信，但他也保護其他各宗教的自由發展。例如，在他統治期間，王朝鑄造了許多刻有神像的貨幣，這些受尊崇的神像出自各宗教，不僅有土生土長的印度教神像和佛教神像，而且還有希臘神像和瑣羅亞斯德教神像。

　　在印度歷史上又一「黃金時期」──笈多王朝統治時，國王對於各宗教都採取寬容宥和的態度。在旃陀羅‧笈多二世、即「超日王」統治時期（三七五～四一五），中國的求法僧法顯正好訪問印度（四○五～四一一），他收集佛教的寫本和文獻，研究印度的寺院。在其訪印後撰寫的《佛國記》中，把這個國家描寫成是各教和睦和布滿幸福的樂園。笈多王朝以後，當戒日王統治印度主要地區時，玄奘到了印度。在他的《大唐西域記》中，我們也看到佛教、印度教和耆那教都得到了廣泛的支持。

　　穆斯林入主南亞以後，一代明君阿克巴大帝（一五五六～一六○五）甚至進行了融合伊斯蘭教和印度教的改革。他取消對印度教的徵稅，允許印度教教徒進行偶像崇拜，甚至同意印度教封臣穿傳統衣服入朝。他成立的宗教稱作「聖王教團」（Din Ilhi），意為以王為中心，萬教在下，每一教都可存在。即便大眾信仰的「太陽崇拜」，他也一併納之。

當然，印度諸教和睦共處局面的形成，還有著各種各樣錯綜複雜的原因，但這些宗教和政治領頭人的明智，確實也有著不可磨滅的功勞。

苦行：耆那教的獨特智趣

　　耆那教是印度幾大宗教之一，大約產生於公元前六世紀，兩千多年來儘管風雲變動，它一直穩步發展，延續至今。初創階段，在婆羅門教強盛並主宰天下，佛教又同時崛起並稱雄於一時的環境中，耆那教要生存、要發展，並一直穩穩維繫下去，它必然有一些過人的精明處，我們在它的教義中不難看到許多明智、標新立異的高招。

　　耆那教以「永恆的宗教」標榜自身，以顯示本教的源遠流長。耆那教的實際奠基者大雄（悟道前名筏馱摩那）僅稱為第二十四祖，在他之前已排位有二十三祖，並且各祖之間的年代相距甚遠，前後幾乎達幾萬年。

　　婆羅門教幾乎不談及自身宗教奠立前的教主世系。佛教儘管在釋迦牟尼前已有若干佛（如有的信徒說有七佛，少數信徒認為有十二佛）的說法，但各佛的承襲關係不甚明了。

　　耆那教則不一樣，它不僅有詳細的世系表，而且為了令人更信服，還賦予每位祖師不同的名稱、色彩和旗幟。如第一祖阿底那陀（或稱勒舍婆那陀）的吉祥色為金色，以公牛為旗幟；六祖名波特馬巴羅波，尚紅色，標幟為紅蓮；十九祖的稱謂是摩利那陀，尚金色（天衣派）或尚藍色（白衣派），標幟為水罐；二十三祖名巴濕伐那陀，尚藍色，他的旗幟是頭上有七蛇盤繞並安坐在蟒身上。而二十四祖筏馱摩那身為金色，以

獅子為旗幟。其他各祖尚色各不相同，標幟也各異，但大多為動物，如猿猴、馬、鹿、蛇、山羊、水牛、烏龜、公豬、獅等，少數用雷電、新月等。

試想公元前六世紀，大概人們對氏族公社的圖騰記憶猶新，有的偏遠地區大概圖騰還歷歷可見，因此尚色和標幟的出現是有意識的。它們對耆那教的創立及傳教不無益處。德·恰托巴底亞耶在《印度哲學》中談到耆那教各祖師都有「清晰的圖騰標誌：牛、象、馬等等。這使我們可以想像出作為耆那教來源的流行的原始信仰。我們將看到，耆那教在這個國家的長期生存歷史中，原始成分構成了它的基礎。」因此，借用圖騰形式傳教，當然可以顯示它悠久的歷史和堅實的基礎。

耆那教的基本教義為「七句義」，即「謂命、無命、漏、縛、戒、滅、解脫」。這大概與印度其他各大宗教在某些方面有類同之處。但耆那教獲得解脫的最佳途徑則屬別出心裁，它十分強調禁慾和苦行，並幾乎趨於極端。佛教有「漸悟說」（通過幾世積善而悟道成佛）和「頓悟說」（放下屠刀，立地成佛便是一例），還有念佛往生淨土（即念「南無阿彌陀佛」便可死後生於淨土樂園）說等，這些修行從形式上看似乎較寬鬆些。雖然佛教也倡導禁慾和苦行，但強調的程度絕比不上耆那教。因為佛典中對於耆那教的苦行方式有大量記載，佛學修行者似乎對這些苦行方式有一種驚歎感。換言之，如果這類苦行方式在佛教中司空見慣，他們大概就不必費心費力，——予以記述了。

例如《長阿含·得形梵志經》記載：「不食魚，不食肉，不飲酒……或食飯汁，或食麻米，或食稴稻，或食牛糞，或食鹿糞，或食樹根、枝葉花實，或食自落果……以無數苦，苦役

此身。」（《大正藏‧一卷》）

《雜阿含經》記載：「彼自害者，或拔髮，或拔鬚。或常立舉手，或蹲地，或臥灰土中，或臥棘刺上，或臥桿上，或板上，或牛屎塗地而臥其上，或臥水中，或日三洗浴，或一足而立，身隨日轉，如是眾苦精勤有行。」（《大正藏‧二卷》）

《大唐西域記》的一些記載也談及了耆那教的苦行。

「窣堵波側不遠，有白衣外道本師悟所求理初說法處，今有封泥，傍建無祠。其徒苦行，晝夜精勤，不遑寧息。」（《大唐西域記‧卷三‧僧訶補羅國》）

「諸外道修苦行者，於河中立高柱，日將旦也，便即升之。一手一足，執柱端，一手一足，虛懸外伸，臨空不屈。延頸張目，視日右轉，逮手燼暮，方乃下焉。若此者其徒數十，冀斯勤居，出離生死，或數十年未嘗懈息。」（《大唐西域記‧卷五‧鉢邏耶伽國》）

實際上，耆那教的苦行戒律繁瑣、嚴明，對教徒衣食住行都有近似苛刻的規定，而宗旨畢一，俱以折磨肉身為目的。

耆那教另一標新立異的修行便是「天衣派」，他們認為「戒私財」應去掉一切東西，以天為衣，以地為床，連衣服也不要。還有的耆那教徒認為衣服是桎梏，不應鎖住神聖的身體。所以信徒們便光裸裸地行走於世上了。

「毗布羅山上有窣堵波，昔者如來說法之處。今有露形外道多依此位，修習苦行，夙夜匪懈，自旦至昏，旋轉觀察。」（《大唐西域記‧卷九‧摩揭陀國》）

「天祠百餘所，外道萬餘人……或斷髮，或椎髻，露形無服，塗身以灰，精勤苦行，求出生死。」（《大唐西域記‧卷七‧婆羅疷斯國》）

或許有人會說，竭力提倡禁慾和苦行，似乎與人的本性有所違逆，與擴大傳教的目的不是適得其反嗎？對中國和日本等注重現實的民族大概可以這麼說，但對有著根深柢固的宗教傳統和喜好虔心修行的印度人而言，或許更能吸引人。

　　從心理上說，標榜極端，有時反而能吸引一部分追求的人。據心理學家認為，人類有追求反常規倡導的心理趨向。或許耆那教的聰明正在於掌握了人的「逆反心理」。

　　事實上，耆那教的標新立異確實受到印度人的歡迎。大雄去世時，耆那教已經擁有教徒五十二萬七千人，並在以後有所擴展。公元七世紀中葉，耆那教已傳播全印度，至今信徒仍不少於三百萬。再者，不僅印度平民，而且有些君主，他們或者是虔誠的耆那教信徒，或者是耆那教的庇護者。阿闍世是古代印度北方最強國家之一的摩羯陀國君主，他與大雄是同時代人，並且也是耆那教的庇護者。烏陀耶是阿闍世的兒子，他是耆那教的虔誠信徒，曾在華氏城中心建造雄偉美麗的耆那教寺廟。孔雀王朝的開創者旃陀羅籛多晚年時脫離王位，出家為耆那教苦行僧，並遵行耆那教的傳統方式，以活活餓死的極端行為結束自己的餘生。

以幻為真弘揚教說

　　印度人為弘揚各自的教說，可謂用足了腦筋，其間的思想火花五光十色，「幻」大概就是其中光亮的一閃點。

　　日本學者富永仲基是十八世紀一名很有個性的自由思想家。他在仔細考察了印度思想之後，用「幻」來論及印度人思

維的一種特徵，並指出這是他們弘揚教說的一種手段：「印度風俗對『幻』甚為偏好，這恰似漢人好『文』：凡欲設教說道者，皆必遵『幻』道以進，否則無以取民信。」他還說：「印度之學，實是以『幻』濟道；必由此進，否則民將不從。」

他的這段評論看來還是很有道理的。我們翻閱印度宗教聖典，看到其中許多幻怪之說正被巧妙地用作教化民眾、激發宗教熱情的手段。

《華嚴經》是佛教的主要經典之一，它與《法華經》一樣，常被奉崇為最高聖典，在中、日等國影響尤大，兩國佛教都立有以《華嚴經》為基礎聖典的華嚴宗。為了說明佛尊能廣布聖恩於每一角落，《華嚴經》就運用了「幻」的手段：盧舍那佛所住的大蓮華台周圍有一千片葉子，每片葉子就是一個世界，每片葉子的一個世界中都有一個盧舍那佛的化身釋迦佛，還有百億個閻浮提。在這百億個閻浮提裡頭各有一個說法的小佛，也是釋迦佛的化身。由此自來，世上任何一個角落所發生的事，身居中央的盧舍那佛是無所不曉了。

《大無量壽經》、《觀無量壽經》等是淨土宗的聖典，它們一再要求信徒讀經時思念佛尊、憶想佛祖。例如，阿彌陀佛的非凡相貌就是印度人幻想的創造物。

「光明無量照十方，萬壽無疆。阿彌陀佛身亮如樹林河產的黃金（閻浮檀金）光色的百千萬億倍，佛的身高是恆河砂子數量的六十萬億億倍的里程。他眉間的白毫全部向右旋轉，就像五座須彌山。他的眼睛像四大海的水，清白分明。周身的毛孔發出光明，像須彌山毫光一樣。佛的圓光像百億三千大千世界，在這圓光中眾佛被創造，佛之眾多就像恆河砂子一樣；每一佛也創造出無窮無盡的菩薩。阿彌陀佛有八萬四千相，每相

有八萬四千小相，每小相有八萬四千光明。每一光明照十方世界，據此攝取和庇護念佛眾生，不捨棄一名。」

阿彌陀佛有如此無邊無際之相貌，怪不得這位慈悲之佛能洞察一切，不僅拯救每一個人，而且拯救每一生靈。反過來說，在這洞察秋毫的目光下，每一個信徒敢不檢點自己的一言一行嗎？敢不積善聚德，以往生淨土嗎？以「幻」濟佛道的方法確實耐人尋味。

當然，我們還可循此途徑，追溯到更早的時代。《阿闥婆吠陀》似乎就使用了以「幻」濟道、教化民眾勤修善德的方式。例如，該著強調天神伐魯那（Varuna）的無所不知，任何人都逃不出他的監視，從而迫使凡夫俗子就範——

> 大地是伐魯那王的領域，
> 廣闊而無邊的天也是他的。
> 伐魯那的腰部就是兩個大洋，
> 但是一滴水就可容納他的身體。
> ……
> 惡人雖然逃逸到很遠之地，
> 但不能逃脫伐魯那的注意，
> 他的偵騎自天而下，
> 以其千萬眼巡視著大地。
> ……
> 所有存在於天地間及天地外的事物，
> 都為伐魯那察覺；
> 甚至人眼的閃動，
> 也被他數著。

乾脆再從另一位年高德勸的日本名人的著作《翁的文》中摘引一段——

　　　　幻術是佛教的特徵所在……印度人偏好在講道時應用幻術，否則將沒有信者。所以釋迦牟尼必然是一位偉大的幻術師。他六年入山修行的目的是學習這類幻術。一些經書中描述的神變、神通、神力，都暗示了幻術。例如：白毫光造就的三千世界、廣長舌伸達梵天、維摩話方丈內設八萬四千弟子座位、神女把舍利佛轉換成一位美女等，都不過是幻術。還有，生死流轉因果說、本事本生未曾有說，以及其他種種奇妙之說，都是勸誘人們相信這新建立之教義的手段。這就是印度人的教育方式。

　　當然，考查一下印度人本身的看法，也是十分有趣的。龍樹認為：「有一邪惡之人懷嫉妒之意，誹謗說：『佛之智慧無出於人，但以幻術惑世耳。』於是，佛顯出無量神力、無盡智慧，斷絕這邪惡之人貢高邪慢之意。」這位佛界聖人接著說：「鳥無翅安能飛翔，菩薩亦如是，無神通波羅密，安能教化眾生？」從上述行文來看，龍樹僅以褒意的「神通」來駁斥這邪惡之人貶意的「幻術」，但以「神通波羅密」（或以中性詞「幻」）濟佛道，這看來也是龍樹所承認的。

　　有趣的是，古代一些初來乍到印度的西方人，一則由於他們對奇風異俗的東方風物了解甚少，二則不知道印度人「對幻甚為偏好」，因此他們對於幻想與事實辨別不清，以致以訛傳訛，把印度人「幻」的產物，當作實情，傳給了西方。即便是一些大學者，也不免犯了這類錯誤。這一結果大概是有意「以

幻濟道」者始料未及的。例如，公元前五世紀上半葉，一位名叫提西亞斯的希臘醫生傳回了印度虎的模樣：「上下顎都有三排牙齒，尾巴頂端長著一些防護用的刺。依靠這些刺，它在近戰中保護自己，並放出刺以攻擊遠距離的敵手，就像弓把箭射出一般。」❶

斯特拉波是古希臘地理學家和歷史學家，他的代表作《地理學》堪稱為古代地理學巨著，對後世影響甚大，被評價為「內容全面，資料豐富」。但其中有一段對印度的描述無疑是真「幻」不分。

> 他們說有身高十吸，身闊六呎的人，有些沒有鼻子，僅用嘴上的兩個出氣孔代替鼻子。有故事說，有人就在這些人的耳朵裡睡覺。還有一些沒有嘴的人，他們生來溫順，生活在恆河源頭周圍，靠空氣維持生命……
>
> 有些地方，黃銅雨從天而降，雨點都是銅的……

印度人的幻想智慧想必也給中國人帶來一份欣喜和享受，因為「孫悟空本領再大，也翻不出如來佛的手掌」已是家喻戶曉，這手掌之大的幻想，絕非中華土產。

故事世事教義渾然一體

---

❶ J‧W‧馬克林德爾（J.W. Marcrindle）：《古典文學中所描述的古代印度》（Ancient India as Decribed in Classical Literature），威斯特敏斯，一九○一年。

自古以來，宗教在印度社會始終占有重要的地位。各宗教為了向廣大民眾弘揚教義，想盡了種種辦法，以寓言、神話、譬喻及各類故事，或深入淺出、或由淺入深地啟導民眾，是它們慣用的方法之一。這種傳教方法多少是印度人的一種特色，因為在印度，寓言、神話等基本上都依附於宗教。而在其他諸民族中，它們大多是獨立形式的說教，諸如《伊索寓言》、《丹麥童話》以及中國的神話故事等等，都很難說它是宗教的附庸。

　　我們以佛教為例，來看一下印度人如何巧妙地運用各類故事，生動、形象地闡明教義。

　　佛典以一些異乎尋常的自我犧牲和怵目驚心的施捨故事，強調仁慈和善行，這不能不令人印象深刻。《尸毗王本生》講述尸毗國王一貫樂善好施，對受苦受難的人有求必應。他發誓不讓一個有求於他的人失望。最後，他為了信守諾言，把自己的雙眼挖出來施捨給前來乞討的瞎眼婆羅門。《尸毗王救鴿命緣起》的故事，講述尸毗國王看到一隻鷹正在攻擊一隻鴿子。眼看鴿子將成為鷹爪下的犧牲品時，尸毗王挺身而出，要求鷹勿傷鴿子。最後，根據協定，尸毗王割取自己的股肉餵鷹，以此換取鴿的生命，縱然他痛徹入骨，也絕無悔意。另一則故事描述了一位僧人以自身餵餓虎，以此光揚慈悲精神（《印度古代文明》）。還有以動物為主角而啟示人類應以慈悲為懷的故事。《榕樹鹿》講述鹿王自告奮勇，代替孕鹿就死，這令本欲射殺孕鹿的國王大受感動。而後這國王發誓一生將以慈悲為懷，不再狩獵殺生。

　　佛教徒借用《餓鬼事經》的故事，宣揚了善有善報、惡有惡報的教義。故事講述那羅陀問一個餓鬼：「閃閃金身，照遍

四方，卻為何故，長有豬嘴。」餓鬼答：「信口雌黃，言行不一，因為此故，長出豬嘴。」

另一則故事講述：有一僧者專做好事，經常服侍一癩瘡病人。為了讓患者高興，甚至背負他趕集。這令長期以來一直遭人奚落的病人感激不盡。患者發誓來世一定要報答恩人。為了讓恩人認出他，他在來世以臉上的疤痕為記。果然，這位長者的餘生一直由一名臉上有疤的新來弟子左右為伴，即便在最艱難的日子裡，他仍忠心耿耿，寸步不離。

佛教教導人們知恩報恩，同時也鞭撻那些忘恩負義者。《無私心象本生》故事歌頌了前者。一隻大象在林中行走，不慎腳上扎了刺。它請一位木匠幫忙拔出了刺。為了報恩，它日夜幫助木匠幹活，而且讓自己的小象也來報答恩人。後來外敵入侵，小象奮不顧身衝向前，打退了敵人，保護了恩人。

相反，《有德象王本生》則告誡人們絕不可恩將仇報。德象王在森林密處救了一名迷路的林務官，並小心周到地將他送出密林。然而心懷歹意的林務官卻貪財心切，三次割取了德象王的象牙。他的負義行為終於激怒天神，最後遭到應有的懲罰。儘管其他民族也有這類說教故事，但印度人主要用它們來闡明教義。

佛教的興起本身，就意味著對婆羅門教義有所不滿，因此兩教在教義理論和哲學上常常唇槍舌劍。對於廣大民眾來說，如果佛教只是從神學、哲學等理論領域與婆羅門展開爭論，那麼他們一定會感到冗煩、枯燥。為了贏得民眾，佛教便以故事、譬喻等淺顯的形式來闡明深奧的道理。

佛教常用這類形式來批判婆羅門教的種姓制度，宣揚平等的思想。《芒果本生》講一個婆羅門出身的青年從低級種姓旃陀羅老師那兒學得一種咒語，這咒語能使芒果在一年各季節中

都能成熟且香氣撲鼻、甜潤無比。由是，他得到國王的嘉獎。當國王問及他的本領來歷時，他謊稱這是從婆羅門出身的老師那兒學來的。剎那間，咒語失效，芒果再也不香甜了。

又如《甲尼迦耶》有一段釋迦牟尼與弟子阿薩拉耶納的問答。佛陀問：「如果剎帝利王召集一百名各種姓的人，要他們取出火來。那些婆羅門、剎帝利等高級種姓的人從婆利樹、檀香樹等華貴之樹上摘下樹枝，做成鑽火棍，通過摩擦，取得火焰。另外一些低級種姓的農人、匠人，甚至旃陀羅，從豬槽、狗缽、洗衣盆等處拿來鑽火棍，摩擦取火。這兩種取到的火有區別嗎？」阿薩拉耶納答：「絕無區別。」佛陀斷言道：「一切種姓皆平等。」

為了駁斥婆羅門哲學的繁瑣、無用，佛典又講述了一個故事：有一個人被毒箭射中。當醫生準備為他取下毒箭時，中箭者連忙高喊：「且慢、且慢！先別拔，讓我搞清楚這是誰射的箭？是剎帝利，還是婆羅門？是吠舍，還是首陀羅？他是高、是矮？出於名門，還是寒門？此箭是什麼箭，屬哪一類？……」沒等他問清，便一命嗚呼了。

釋迦牟尼闡釋，若佛家子弟墮入婆羅門哲學的繁瑣思辨中時，他是無望於獲得解脫的，因為沒等他弄清這些玄奧的問題，便也歸天了。

佛教常有一些寓言故事，說明一些純樸的處世之道，這遠比枯燥的說教有趣、生動得多。《大鷚鳥本生》講一隻大鷚、一隻大烏龜、一隻獅子與一群鷹結為好朋友。一次，有一名獵人爬上樹去逮小鷹，大鷹便急呼朋友幫忙。大鷚用翅膀沾足水熄滅了獵人的火堆；大烏龜把獵人拖到水中；獅子一吼，獵人屁滾尿流，逃之夭夭。於是小鷹得救了。這淺顯的故事，把團結互助的處世美德敘述得娓娓動聽。

順便提一下，印度許多弘揚教義的智慧故事曾被其他民族改頭換面後加以運用，但他們只說明了寓含意義，原本的宗教涵義則蕩然無存。如「瞎子摸象」的故事在中國已成為語文教科書中的一篇，筆者也有幸在小學讀過，但完全中國化了。其實這故事出自佛典《自說經》（udana）第六品第四部。還有，《大隧道本生》（Mahāummagga——jataka）中共有十九個難題和冤案，但佛陀運用智慧，一一將其解決。其中第五個難題也已漢化，為中國人所熟悉。原經書中的故事敘述，兩個婦女爭奪一個孩子，都聲稱他是自己的親骨肉。釋迦牟尼便在地上劃一道線，置孩子於線上，讓兩婦女分站兩邊，一人拉孩子手，一人扯孩子腳。佛祖聲稱，誰把孩子拉過線，孩子就是誰的。兩婦爭扯時，孩子痛得號哭起來。生母於心不忍，只能鬆手。於是佛陀結案。這在中國故事中，只是把佛陀換成一位清官，智慧依舊存在，但宣揚佛陀的宗教意義卻消除了。另外，據說「曹沖稱象」的故事也是印度故事的改編版。

占星術與星象圖：天上人間一家

無可否認，印度有著悠久而燦爛的文化，它在宗教、哲學、數學等各方面都為世界作出了很大的貢獻。然而，一個同樣不可否認的事實是，儘管這類文化活動是大眾性的，但文化理論的梳理和歸納只是極少一部分人的事，廣大民眾不可能總是在哲學層面上思索人生。作為一種補償，另一類智慧必然會產生，占星術與星象圖的運時而生，對於日以繼夜為生計勞作的人來說，不啻為生活中不可或缺的一種激素。

自古以來，占星術和星象圖就深深揪住了印度人的心，滲透在他們社會生活的各個層面中，其功能幾乎是無限的。

　　人從降生到這個世界的一剎那起，就與占星術有了交往。小孩呱呱落地，這顯然是一個靈魂在凡世冒險和磨難的開始。接生婆趕緊把這一時辰記下；看星象圖者要知道當他（或她）與母親分離，即臍帶割斷時，是什麼星座的力量在拖曳。然後，這孩子得到附有星象算命圖的身分證，這份「護照」將與他（她）一輩子形影不離，從此以後，他的一生將不斷與星象家打交道。

　　印度幾乎每個階層的每一個人，在每一樁重大事件上，都向占星師請教。德里大學的一位教授說：「缺少這份智慧，我們就等於沒有靈魂的行屍走肉。」占星術對於印度人來說，確實「已印在腦子裡，溶化在血液中，落實在行動上」了。

　　有的人實際上沒有一個具體的目的，他只是想卜一下未來的吉凶，或求教招福禳災的途徑，儘管此時這「福」、這「災」連一點面目也沒有。例如，投身於政治的人都希望能夠發跡，或許不會人人都請占星師直接卜一下他能否當總統，然而誰都會去卜一下他的前景是否光明。一位議員坦率地說：「印度許多搞政治的人都戴珍珠，這是占星師要求他們這樣做的，因為珍珠被認為是與政治前程息息相關的。誰都求發達，因此幾乎人人都戴上了珍珠。」說著，他的手一晃，果然他的戒指上鑲著一粒碩大的珍珠。

　　婚姻大事當然非要請智慧者——占星師卜一下不可，否則便是愚蠢之至；並且求教者會因占星師的意義而決定取捨。新德里一位占星師不無得意地向別人吹噓：「昨天一個女子帶著全家來向我道謝，因為她的丈夫最近發了一筆大財。哦！請別

誤會，她向我道謝，不是指我算定了發財的日子，而是感謝我對她婚姻的善告。經過我幾次卜算，她與以前的戀人星象不合，前景不妙。由於我的勸告，他們分了手。你看，她以前戀著的那小子，至今仍是一名毫無作為的小店員。」

開展一項新事業，成功與否當然至關重要，這樣的大事情請教一下占星師當是絕對必要的。此外，不管事態發展如何，實際的結果是否與卜測一致，占星師大概總不會錯。下述事例也許可權作證明。

加爾各答有位名叫阿杜維的大學高材生，他畢業後一帆風順，並賺了一些錢。於是他決心開拓自己的事業。他當然「知道世間的事絕非偶然，萬事萬物都有各自必然的規律。」因此找了一位星象家幫忙。那位據說要三個月前預約的星象大師認定他的命運不錯。然而這欲展宏圖的青年為了更牢靠地把握自己的「命定規律」，又不惜重金，請教了另一位大名鼎鼎的星象家。果然英雄所見略同。於是他放手大幹了。不料三個月後，他破產了，變得一貧如洗。他氣呼呼地衝進星象師的事務所，隔不多久又垂頭喪氣地退了出來，哀歎自己衝犯了星宿，活該落得如此下場。原來，不是天機不可洩，而是天機只可洩一次。誰讓他兩次探測神意，從而惹惱了神靈呢！

當然，星象師最拿手的是卜定什麼時辰該幹什麼事，或者算定開始一項事業的吉祥日子。一九八一年，馬斯特拉寺廟舉辦了一次集團婚禮。據寺廟占星師擇定，當日吉祥如意的最佳時刻是下午六點四十六分，因此集團婚禮的主持者就選定在這一時辰，由三百多名新郎齊刷刷地給新娘們戴上結婚項鍊。

另一次，一位建橋承包商請星象師算定了大橋合攏的最佳吉日和時辰。不料兩年以後，該橋突然坍塌。這名倒楣的承包商不僅家產賠盡，還坐了牢房。在追查原因時，一連幾夜惡夢

纏身的總工程師（曾留學美國的博士）為了擺脫肯定會接踵而至的更大惡運，不得不坦白是自己看錯了錶，提前一小時指揮大橋合攏。看來，大橋倒坍的真正原因終於找到了。消息傳開後，那位星象師的諮詢費頓時上漲了五倍。

星象圖的發明還有另一大作用，那就是有助於對人生的容忍。雖然兩者的因果關係還不甚明瞭，但用星象圖來撫慰失意的人們，總是一個聰明的辦法。印度人口眾多，物質相對匱乏，加上貧富差距懸殊，凡夫俗子自然有許多不滿，有時甚至忿忿不平。星象圖則把「命運注定」的概念，循循善誘地注入不滿之人的腦海中，於是他們只能自欺不濟，氣息稍平。看來，星象圖此時不失為一帖良藥，於國於民都減少了麻煩。

人們需要希望來幫助他們苟活，星象師便能做到這一點。有名女子結婚六年卻不結一果。她常受丈夫拳腳相加，終日以淚洗面。於是她欲走絕路。幸虧鄰家婆婆不錯，請來了一位名揚四方的占星師。這名知前曉後者再三斷言：「三年必得貴子。」於是這位婦女的心境安寧了，家裡也好食好衣相待。果然一年以後她懷孕了。醫學界振振有辭地說，以前她信心不足且焦慮不安，這有礙於受孕，而星象師使她心緒寧靜，所以她懷孕了。「悴！我們找過多少醫生，可他們一籌莫展。多虧了那位星象師，否則我們也許永遠不可能得到孩子。」那快當爸爸的傢伙斬釘截鐵地回駁。

星占師常常被印度人敬仰為決疑的最佳師長。沙拉爾嗣承父業且青出於藍而勝於藍，成為新德里最有聲望的星象師之一。他的諮詢費每次要八百盧比；客戶大多是銀行家，因為他在決疑借貸方面斷事如神。他洋洋得意地向一位西方銀行家自我介紹：「這兒的銀行經理們相信，由我來查看借貸者的星象

圖，這筆買賣便萬無一失。」接著他例舉了一次準確的預言，足以證明自己絕非自吹自擂的等閑之輩。一次，一位銀行經理帶著一名借貸客人進了沙拉爾豪華的諮詢所。星象師一眼便看出那人是短命鬼。活不了多久的人哪有時間償還貸款呢？所以那人分文沒借到。果然，幾個月後那人因借貸四處碰壁，終於自殺了。

事實上，印度的星象師對國家施行的一些政治大事也發生過重要的影響。當然，我們從未看到政府以官方名義請星象師對一些重大的政治事件作出決斷。但眾所周知，印度獨立日的擇定與他們是分不開的；總理就職和議會召開都在吉祥日進行，由誰來制定吉祥日，這是不言自明的。

也許有人認為，在現代社會中，人們在行動上受星象師的影響是極端愚昧的。然而印度人不這麼看，一位工程師說：「事實使我們相信，宇宙中存在著秩序。再說，我們無法逃脫深深紮根於我們傳統中的信仰。」

七〇年代，印度星象師在新德里召開大會，與會者一致要求在一些名牌大學開設星象占卜學，設立大學教授職稱。他們還進一步聲稱，星象師代表應在議院、即聯邦院占有席位。是的，占星術學問在印度確實舉足輕重、影響甚廣。在一系列重大事件和特大災難之後，人們總看到隨之而來必然有大量新聞報導，其中不乏引用星象師的話語為重言：「我們早告訴你們……」他們聲稱，這一切在星象中都是早已注定的。

尼姑：藉宗教的自我解放

印度婦女社會地位卑下，這大概是眾口一辭的看法。千百年來，絕大多數印度婦女忍氣吞聲，逆來順受。但終究有一部分女子奮起反抗，與命運作不屈不撓的爭鬥。出家為尼，以求在僧侶世界得到平等地位，甚至獲得受教育的權利，這大概是不少具有反抗精神的女子在深思熟慮後的一種斷然抉擇。

　　古代印度人「男尊女卑」的情況絕不亞於中國的封建時期，兩國婦女在各自社會勢力的壓迫下，遭受了令人難以置信的艱辛。中國婦女有「三寸金蓮」的辛酸淚。母親不管幼小的女兒號哭連天，仍是硬著心腸彎折女兒的腳，並用布條死死纏裹。如此缺乏人性，竟被讚說為偉大的母愛之一。印度婦女更有淒慘悲壯的「焚身殉夫」（即「薩蒂」）。悲傷已極的婦女竟然在冷若冰霜的眾目睽睽之下葬身烈火，絲毫也得不到一絲救援。相反，「焚身殉婦」的場面大概是聞所未聞的。

　　印度婦女即便出身於王室，甚至登基成為女王，她們仍然會被世俗社會看不起，同時位及女王者往往難逃淒慘下場。德里蘇丹時期（約公元一二〇〇～一五二六），當伊勒圖特米什（Illtutmish）蘇丹去世後，他的女兒拉濟婭（Raziyya）接任王位。儘管她品德、才智不讓鬚眉，但因為是個女子，終於沒有好結果。歷史學家西拉杰（Siraj）寫道——

　　　　蘇丹拉濟婭是一位偉大的君主。她聰敏、正直和寬宏大量，是王國的恩主，正義的執行者，臣民的保護者，軍隊的統帥。她被賦予了一個國王應有的一切品質，但她沒有生就合適的性別。所以，在男人的評價中，所有這些美德是一錢不值的。（道森編：《印度歷史學家闡述的印度歷史》）

印度當代史學大家 R・塔帕爾教授寫道——

> 既由於她是一個女人，又由終她親自執掌著國內的統治，因而被人怨恨，最後遭到謀殺。（《印度古代文明》）

佛教也許給那些意欲反抗社會壓迫的婦女帶來了一線希望。佛教反對種姓，提倡「佛之子」的平等地位。因此，捨卻塵世，入身佛門，這給那些厭倦社會或稍有反抗精神的印度女子打開了一扇門。

佛典《摩登伽經》記載，少女摩登伽出身於低賤階級，一向遭到歧視，任何人都不敢與她接近，因為一旦從她手中接觸食物，即變作「不淨」，而且與她接觸的人還有被逐出所屬種姓的危險。然而，佛界聖人阿難對這一切毫不理會，他十分有禮貌地向她求得飲水。這令摩登伽感動得痛哭流涕，因為那是她有生以來的無上光榮。據說，摩登伽一生念念不忘此事，總想報此大恩。後來，她懇請其母以咒術促阿難降臨家中，兩人再次聚會。（編按・後來摩登伽女經佛陀開示，終捨棄愛慾之念而證得阿羅漢道。）

由於印度社會中男女間的不平等從古至今一直存在，因此這個故事一而再、再而三被用作大力宣傳的題材。二十世紀中葉印度詩哲泰戈爾以這個故事為背景，特地寫了一齣戲劇《Andalika》，加以宣揚和讚頌；印度國際大學美術學院的藝術家也曾將這一故事作畫於中國美術學院的院牆上。

這一切顯然向印度民眾表明了佛教倡導「男女平等」。這能令出身賤卑種姓的婦女們不動心嗎？因此，無論古代和現

代，許多印度婦女為了擺脫賤卑的地位，義無反顧地出家為尼，皈依了佛門。

　　事實上，自古以來，印度婦女削髮為尼者確實不勝枚舉。《上座尼伽他》是一部佛教詩集，共有七十二品，五五二頌。據專家學者考證，這部詩集極有可能出自尼姑之手，因為其中濃郁的生活氣息及發自尼姑心底的呼聲，只有身歷其境者才能抒發，讀起來十分扣人心弦；從中我們也能側面了解到她們走入寺庵的緣由。

　　詩集中的尼姑出身不一，有高貴的小姐、年邁的夫人、孤苦零丁的寡婦、拖兒帶女的辛酸母親、供人消遣的歌女、讓人玩弄的妓女等。她們在印度社會中或者不滿欺壓婦女的現狀，或者飽受社會的蹂躪，直到在釋迦牟尼或德行高尚的聖人感召下，尋到解脫的途徑。此後她們才真正體驗到之間的平等。這些人的現身說法，反過來又使印度的廣大婦女認識到，要爭取自身地位的提高，遁入佛門不失為明智之道。

　　比如，一名尼姑談到她如何再三再四出嫁，又如何一次又一次被遺棄。而後在社會上，她又遭到性別歧視，受盡他人迫害。歷盡幾度磨難之後，她終於在法僧啟迪下幡然悟覺，毅然削髮，最後在佛門取得平等地位，並且還居然得到識字斷句的受教育機會。另一位尼姑原是妓女，心靈、肉身飽受折磨。最後她不堪欺壓，憤然出家，終於在佛門得到人們正眼相待。

　　這些現身說法者都視出家找到了幸福歸宿，難怪《基薩喬達彌尼姑》中描寫：基薩尼姑外出化緣，在樹林中過夜。此時，天神摩羅前來求愛，但遭她拒絕。基薩尼姑認為，她現在已「沒有悲傷，也無需掉淚了。哪怕像你摩羅一樣的天神，我亦沒有絲毫恐懼，且對求愛也無動於衷。世俗之樂，早已拋

棄……擊敗死神，憩息舒坦；泰然自若，俗塵不染。」

居士：入世仍可出世

出家為僧，粗茶淡飯，行無車，食無肉，紅顏知己兩分離；欲不出家，又恐佛祖、菩薩怪之不心誠，死後不得往生極樂，修不得正果。於是有人絞盡腦汁，以求兩全。當「居士」大概就是一條絕好的途徑。當然，居士的產生是否僅僅為此目的，尚不敢妄下斷論，但蘇軾等人以居士自訓，口念佛詩：「溪聲便是廣長舌，山色豈非清淨身。」❷手持酒壺，爐上「東坡肉」正燉得爛酥噴香，你難道不認為他們是絕頂聰明嗎？

「居士」一詞實際上是中國人的用法，意指那些信仰佛教而又不出家為僧，過著世俗生活的（常常又是飽有學問的）信徒。他們是佛學者，又是虔誠信徒，但可以娶妻生子，並且盡情「酒肉穿腸過」。然而，「居士」思想及實際的居士型人物，在印度古已有之。

勝鬘夫人（Srimālādevi）是佛陀的同時代人，她是《勝鬘經》的弘揚者。事實上她是物質生活優厚的在俗信徒，是國王之妃。但她照樣可以修得德行高尚、佛法高深，最後連釋迦牟尼也對她另眼相看，因為據說她宣揚《勝鬘經》正是秉承了釋尊的親口旨意；換言之，是釋尊親自委任的。

《法華經》亦稱「經王」，是諸佛教經典之王。它得其尊

---

❷ 學者們釋道：「『廣長舌』是佛的廣長舌，意為佛陀在訓誨和講經；「清淨身」便是佛的法身。」

位的理由之一，便是它對凡夫俗子循循善誘：一切眾生只要真心實意地歸依佛教的教說，他們無須出家，就能獲得解放。於是善男信女大悅，因為他們不必脫離人倫組織了。所以《法華經》擁有最多信徒。儘管沒有當時的統計數字，但我們很有把握斷言，其中在俗信徒當占絕大部分。

維摩居士大概最具傳奇色彩。他是《維摩經》的弘揚者。儘管他留跡世間，但深悟真諦，致使眾多佛與菩薩也對他佩服不已。他對道法高深的諸佛的一次訓誡，使得《維摩詰經》戲劇般地傳播。維摩居士對佛教常規倒行逆施，宣稱篤誠信徒不必出家為僧，而應在世俗生活中體得真理。據《維摩詰經》介紹，他不僅以身作則，終食人間煙火，而且修煉得法道高深，似乎僅略遜於釋迦牟尼。

據該經記載，當維摩居士得病時，釋迦牟尼叫聲聞弟子舍利弗、大目鍵連、大迦葉、須菩提及阿難等十大弟子前往問疾。眾弟子都說維摩居士厲害，不敢前往。佛陀又叫彌勒佛、持世菩薩去，他們也表示不敢前去。最後釋尊只能把問疾一事托付文殊師利。《維摩詰經》把雙方當時的問答──予以記錄。是時，維摩以世俗菩薩自居，顯出無限辯才，令文殊菩薩稱歎不已。文殊問：「居士是疾，何所因起？其生久如，當云何滅？」維摩言：「從痴有愛，則我病生。以一切眾生病，是故我病。若一切眾生得不病者，則我病滅。所以者何？菩薩為眾生故，入生死，有生死，則有病。若眾生得離病者，則菩薩無復病……又言是何所因起？菩薩疾者，以大悲起……」

如果說維摩居士是帶有幾分神話色彩的人物，那麼月官（梵名Candragomin，又譯施陀羅瞿民）則是一位確確實實的

歷史人物。義淨在《南海寄歸內法傳》中兩次提及他。

又東印度月官大士作毗輸安咀羅太子歌詞，人皆舞詠，遍五天矣。舊云蘇達拿太子者是也。（《大正藏》，五十四卷，二二八頁）

於東印度有一大士名曰月官，是大才雄菩薩人也。淨到之日，其人尚存。或問之曰：「毒境與毒藥，為害誰重？」應聲答曰：「毒藥與毒境，相去實成遙；毒藥餐方害，毒境念便燒。」（《大正藏》，五十四卷，二二九頁）

月官學貫密教、顯教，弘通博識，多才多藝。他一生著述甚豐，據說達四二三部，涵蓋佛教義理、佛教讚頌、外道論、聲明、醫學、工巧、韻律等。他在佛學上的成就，致使能以居士身分進入印度當時最負盛名的僧伽藍——那爛陀寺。因為據唐玄奘說；「殊方異域欲入談議門者，詰難多屈而還。學深古今，乃得入焉。」（《大唐西域記》）

據說月官不僅進居那爛陀寺，而且在寺中與一代名僧月稱辯議佛教義理。這場唇槍舌劍前後持續七年，月官最終獲勝。而在世俗生活中，月官的運氣也不賴，娶得「王女多羅」。

更有意思的是印度名士伐致訶利，他視出家還俗如兒戲，想出世便出家，留戀塵世則還俗，如此往復竟達七次之多，最終還是捨不得拋離人間，裝模作樣，讓弟子抬他出寺，還俗罷了。儘管如此，他仍修煉得佛法高深，即便在俗為居士時，仍「身著白衣」，以「清信士」的身分「入寺中，宣揚正法。」（《大正藏》，五十四卷，二二九頁）

義淨的《伐致訶利頌》讚他「盛談人事聲明之要，廣敘諸

家興廢之由，深明唯識，善論因喻。」從學問上說，他的撰著「法俗悉皆通學。如其不學，不得多聞之稱。」他的名聲「響振五天，德流八極。」就是這樣一位令人肅然起敬的學者，依然留戀塵世，最終選擇當「居士」，只不過在過程中要了一下高明的花招：「希勝法而出家，戀纏染而變俗，斯之往復，數有七焉……自嗟詩曰：『由染便歸俗，離貧還服緇；如何兩種事，弄我如嬰兒。』」明明是自己「用足政策」，卻好像還是身不由己的受害者。

再略略看一下居士們的自我辯護，大概也十分有趣。《維摩詰經·弟子品》說：「發阿耨多羅三藐三菩提心即是出家，是即具足。」意即，只要有了成佛之心，出家不出家是無所謂的。耆梨羅多那馱婆也是一位居士理論家，他著重講解《法華經》：「所謂實相義，即今日一因一果之義。」「今日一果之上皆備萬德。」他又具體解釋：「如果現世之人真心實意守齋戒和持清淨一日一夜，其功績將勝過在極樂世界一百年所做的善行。」大概後世在俗信徒每逢陰曆初一、十五守齋戒的規矩與此不無關係。即便今日上海玉佛寺，每逢初一、十五香火大旺，燒香點燭之後善男信女步入素齋館，換換連日的油膩口味，倒也更添美食情趣。

居士們為了爭辯在俗無礙信佛，常竭力宣傳即便佛祖也與現世無絕。據說，釋迦牟尼是在過去世出家的，佛祖描述自己當時的生活與尋常百姓無異，「吾隨仙人，供給日常所需，採果汲水，拾薪設食，身心無倦。」於是，居士們據釋尊所言所行，為自身的生活方式辯解：「砍柴植菜汲水勤，從中悟得《法華經》。」「佛的威儀就在於日常的舉手投足之中，就在於拾薪設食。除此之外，沒有別的法性和更深奧的道理。」

瑜伽：人自我修煉成神

　　如何集修神、修身、修德、修習宗教等畢役於一，這是一個自古以來困惑各民族的一個難題。足智多謀的印度人終於設計出了一種好方法，那就是「瑜伽」。當然，它的功效究竟如何，其他民族眾說不一，然而許多印度人確實為他們的瑜伽術而驕傲，他們認為這是印度智慧對世界文化的一大貢獻。

　　「瑜伽」是梵文「yoga」的音譯，原意為用軛連結來馴牛馭馬；後引申出眾多含義，如連結、連接、連繫，如統一、歸一、化一；其他還有方策、諧和、修行方法、法術等等。根據《羯陀奧義書》的解釋，瑜伽術的中心是控制感官，調服心神，因為感官和心神就像一匹野馬狂烈無羈，修煉者通過調整呼吸等手段，使感官和心神服從意志。這種方法猶如馴服劣馬，「瑜伽」之名由此而得。現在所說的「瑜伽」，是與宗教、哲學的教理結合在一起的修神養身術。

　　瑜伽術是印度人為了集諸種修行於一役的處心積慮之創新。也許瑜伽術最早的雛型不過是民間的一種強身術，然而只有當宗教賦予它內涵之後，它才能正名為「瑜伽」。「瑜伽」的內容是「圓滿的自我認識」，這種自我認識是通過對自我精神和肉體的絕對控制實現的，因而它具有修神、修身的職能。「瑜伽」的目的是從俗世解脫，正如《薄伽梵歌》所說，是門「個別自我」與「最高自我」的化一。這顯然是哲學闡述和宗教修煉。

　　瑜伽術是一種綜合性智慧。從修神、修身方面看，它具有一種很高的心理學和生理學水準，它所創造的有些奇蹟，甚至今天的科學也難以解釋。常修瑜伽的人可以賦予自己的身體各部分的運動以靈感和意識，他能夠用意念支配自己的內部器官及代謝系

統，從而使身體各機能協調，驅除病魔。

我們在印度報刊上，常可看到這樣的報導：某城或某村有一男孩或女孩，本來體弱多病，得一瑜伽師指導後幾年或幾月、甚至幾天，便恢復了健康，並比一般孩子強壯多少多少云云。再者，有些瑜伽師通過意念的誘導，甚至可創造令人不可思議的奇蹟；如可達幾百小時的睡眠、可以把身體內的器官移位等等。據說還有一位瑜伽大師修得動物冬眠的本領。在一次實驗中，他被活埋二十八天，甚至儀器（有導線與其心、鼻等相連）也難以測到他的脈搏和呼吸；可是挖出以後，他恍惚一陣，便復原如初了。

我國佛典對瑜伽術也有所記載，認為修習到爐火純青時，便會得到各種「神通」。如「天眼通」，即能見常人所不能見；「天耳通」，即能聞常人所不能聞；「宿命通」，能緬憶前世生涯的點點滴滴；「他心通」，能知曉他人心所想；「身如意通」，身軀能隨意志變幻；「漏盡智通」，能消除一切憂患。至於實情是真是偽，只能請諸位見仁見智了。

瑜伽術也十分注重修行和宗教境界的達到。《瑜伽經》是公元前二世紀由波顛闍利編纂的。它記載的功法有八種：(1)禁戒、(2)遵行、(3)姿態、(4)調息、(5)制感、(6)執持、(7)止觀、(8)三昧。

這第(1)是修行瑜伽的準備階段，顯然與道德修行和宗教修行有關，因為「禁戒」是要求

實際不殺、不妄語、不盜、不淫、不貪。而第(2)更多是宗教修行，要求在修習前遵守有關宗教儀式的規定，如清淨、滿足、禁慾、誦讀經文及虔誠祈神等。(3)～(6)是修習的方法，更多與修神強身有關。第(7)又回到宗教領域，是修習前六支達到

的境界。再往前發展就是所謂「三昧」，亦稱「等待」，因為苦樂、冷熱、榮辱等成雙入對出現的感覺此時都彌消了，達到此境界便消除了一切煩惱、痛苦和情慾，心境如寧靜之水。

印度的一些經典也大力宣揚「瑜伽」的宗教、哲學效能。例如《摩訶婆羅多》把瑜伽作為哲學問題，進行了廣泛地探討，並且把修煉瑜伽看作是眾生的解脫之道。《薄伽梵歌》也說：「凝聚心神於一點，為淨自我修瑜伽。」「自我平靜無惶懼，梵行（禁慾生活）之誓守不移；制心念我持瑜伽，端坐以『我』（個人靈魂與宇宙靈魂合一）為終的。」

Chapter 2
王僧交融的權力智慧

僧權和王權：僧界對王權的策略

　　法國大文豪羅曼・羅蘭認為：從世界各大民族來看，在宗教事務上花費時間最多的當數印度民族。在印度，宗教力量之強，宗教影響之廣，宗教地位之高，比起其他任何民族來，大概絕不遜色。綜觀印度史，國家中的各種活動是由同一宗教信仰的信徒之教團組織的，而不是由共同政治觀點者的集團規定的。

　　然而，儘管宗教勢力強大，印度史上卻幾乎沒有出現過政教合一的政權。這是一個令人深思而又充滿魅力的課題。本文無力作全面探討，但可肯定王權與僧權之間，一定有著某種平衡機制，以致雙方能相安無事，齊頭並進，沒有釀成重大衝突，沒有給印度民族帶來大規模流血的災難。其間，雙方充滿理智的策略，一定發揮了很大的作用。

　　僧界為了避免和王權衝突，他們有意識地宣揚與外界權威

脫離，這樣就不會對世俗權威構成威脅，從而也不會引火燒身了。從另一方面說，僧界也不是一味妥協、退讓，他們從主觀入手，在更高意義上宣揚自身精神的超凡。這樣他們既不貶低俗界，又保持自身的尊嚴。例如，他們一方面承認；作為一名君主，達到天下大治是很有意義的；一方面認為：國王畢竟要受困於俗世的限制，而出家人則可完全脫離現世的煩惱。

　　一部古老的佛教經典告誡出家人：「比丘，莫復生心親近國家。」他們的這種態度顯然具有兩層意義：一方面他們擔憂過多地關注世俗事務，頻繁地與俗權聯繫，就會招致禍患；另一方面則從主觀精神優越出發，宣揚佛教徒不嚮往國家權力，使信徒們相信，出家修行者不再屬於國家，他們已超脫於國家的權限之外。

　　例如《法華經》安樂行品說：「菩薩不待奉國王，亦不與王子、大臣、官吏往來。」《正法念處經》的一段行文也闡述了這一旨意：「出家修行者不應該接近君王。為什麼這樣說呢？親近君王的出家人會遭到世人嫌惡，檀家便不願供養他。這惡心難改的親近君王者，實際上是寄望於得到財物，並且不知厭足。如果說他不是為了名利、財物，那麼他不是白白親近君王了嗎？這種行為也必然妨礙誦經拜佛。這樣，曾經發誓要走解脫之道的出家人，又等於重新返回俗世，復綁於繩索。所以出家人不應親近君王。」

　　然而，印度僧界畢竟與俗界雜居世間，畢竟在世俗權威的統治下，因此雙方的接觸也是不可避免的。僧界在與王者打交道時，也視情況的不同而採取各異的策略。當國王拜訪佛教或婆羅門教長老，請求指教時，僧界權威們不是自恃清高，避而不見，而是以禮相待，真誠地訴說見解。如《王法正理論》中

不厭其詳地描述，當國王親自駕車求教時，長老如何恭敬出迎，待之上賓；如何循循善誘，告訴為君者：什麼是善，什麼是不善；怎樣有罪，何等無罪；如何言語行為能積業績；如何治國能帶來吉祥；如何遠離惡險等等。而當一名國君自願棄位出家時，僧界則完全按教規處置。按規矩，教團內部的席次是依出家入團的年數長短（比丘受戒後，每年夏行三月安居，其安居之年份，即為比丘之歲次，謂之法臘，以法臘之多少定比丘之坐次，謂之「臘次」）來決定，因此即便國君出家，只要他是新來者，就不得不在僧伽教團等級中屈居末席。據說，笈多王朝的國王幼日王出家為僧，對教團安排他的卑下席次大為不滿，但佛教教團堅持這種古老的規矩，國王也不能例外。

從宗教教團本身的性質來看，它們從來不謀求政治權力，也不想獲得社會運動的領導權。我們知道，歐洲的教士們聯合起來，形成有組織的共同體，常常具有與王權相抗衡的政治力量。印度正好相反，不管是婆羅門教強有力的祭司階級，還是佛教、耆那教教團，它們的宗教機構的政治影響力微乎其微，各教團實際上是在本教信徒中間維持一種單純信仰的思想文化聯合體。這類機構從來沒有作為一個政治團體而發揮作用。再者，這類教團是一些鬆弛的組織，如佛教教團建立以來，從來沒有政治上或經濟上的統一，根本沒有如羅馬天主教那樣的固定的財政基礎。甚至當佛陀在世時，他的弟子們也離他而居，並沒有制訂組織上約束所有這些弟子的法則，而那些戒律只不過是供弟子們各自修行所用。佛陀圓寂後，眾多信徒僅僅專心致志於遵守教義和戒律，沒有去擁戴一位統治佛教教團的領袖。這樣的宗教組織怎麼可能與王權抗衡呢？

當然，印度各宗教強調苦修、節慾、忍耐等，對於減少或

阻止僧俗兩界的衝突也起了不少作用。例如；「無需讚揚，無需敬禮，捨卻任何善惡之感，獨自走入森林中。」這種隱居修行，大概對於潔身自好和避免君王猜嫌都不無益處。

王權與僧權：古代國王對僧界的策略

我們再來看看，國王們對影響力無處不在的僧界，又採取一些什麼樣的明智策略，以使雙方和安相處。

印度的君主們在王位未受到僧界干涉的情況下，總是竭力抬高僧界的地位。這或許出於篤誠的信仰，或許出於利用的策略，或許兩者兼而有之。

一些國王選擇皈依某一宗教作為自己人生的歸宿，這對於僧俗兩界的聯絡與和睦大概是極有益處的。阿育王（約西元前304 年～前232 年）是印度歷史上最有名的君主之一，當他一統全國以後，不再需要大動干戈，便在一夜之間「大徹大悟」，隨即表明將全心全意侍奉「佛、法、僧」三寶。再者，他的頭銜「為神所寵愛的（善見王）」表明阿育王把宗教的權威抬到比世俗權威更高的地位。

還有，正因為阿育王是一代英主，他統治的時期稱為印度的「黃金時代」，並且今日印度三色國旗中的圖案是阿育王輪，國徽也是阿育王柱的四獅一身雕像，因此他的歸宿宗教，對抬高僧界聲望的意義就更大了。所以僧界不惜大肆渲染。一則故事說，由於阿育王在前世的幼童時奉砂給釋迦牟尼，所以獲得了至高功德。不言而喻，這故事提高了僧界之地位，並且把阿育王皈依佛教提早追溯到前世。

又如，公元前二世紀統治著北印度的希臘人國王米南德，

在與佛教長老龍軍就佛教教理問題進行了問答式的談話後，深為教理折服，欣然皈教。這一事件的經歷彙編成冊，便成了《彌蘭陀問經》。另據佛典《長阿含經》記載，統治者帕亞西原來俗得非常，崇尚精神虛無論，通過佛教尊者迦葉波的辯駁和說服，他為自己的靈魂找到歸宿，終成為佛教篤信者。孔雀王朝的開創者旃陀羅笈多一世也有類似的經歷，他在晚年時遜位而皈依耆那教，並以正統的耆那教方式，安寧地慢慢餓死，了結自己一度顯赫的一生。

國王們尊敬僧界德高望重的長老，常常登門求教，這也使得俗僧兩界和睦融融。古代印度一度最強盛的國家——摩揭陀王國的阿闍世國王就曾不辭辛苦，駕車遍訪當時最有名的宗教哲學學派的六領頭人——六師。另一位摩揭陀國王頻毗娑羅不遠千里，驅車前往釋迦牟尼修行的聖地，懇請與佛陀面談。還有，《法句譬諭經》中說：「古時，舍衛國國王波斯匿親自駕車來到釋迦牟尼聖所，下車摘下寶冠，解去佩劍，收起大傘，脫掉鞋子，雙手作拱而進，進得屋來，五體投地跪拜在佛陀前。」據印度上座部佛教聖典記載，國王在拜見佛陀之前，為了表示對釋尊的敬崇，都須脫掉「五飾」或「五威儀」（即寶冠、傘、佩劍、裝飾的鞋和柄上鑲有鑽石的白毛拂子）。這在當時已成為確立的規矩。

在婆羅門教的記載中，我們也看到許多國王恭敬、禮待僧界長老的事例。例如，有一位國王向婆羅門教祭司請教有關《吠陀》的教說，但他讓這位老師坐在比自己低的座位上，結果遭致人們的紛紛指責。於是這個國王認識到了自己的錯誤，接受了教訓；他讓這位僧界的博學者坐在比自己高的座位上。鑑於此，《摩奴法典》訂下規矩：「弟子不允許坐在比老師高

的席位上。」

在耆那教中，君王尊重宗教的事例也屢見不鮮。例如，耆那教認為摩揭陀國君主阿闍世是本教的庇護主。而阿闍世的兒子烏陀耶更是對耆那教關懷備至，他曾在當時最繁華的華氏城中心，為耆那教修建了雄偉美麗的寺廟。

古代印度許多王朝通行一種慣例，即由國王召開或支持召開公眾法會，會上允容各種觀點相互激烈辯論。這類法會既是君主們和睦俗僧兩界的策略，又是雙方和安相處的證明。例如，在中國赴印取經的玄奘離開印度，回歸唐朝前夕，當時統治印度大部分領土的君主戒日王親自在王宮召開盛大法會。玄奘在這次法會上，在全印出類拔萃的學者面前，論述了如何推論「唯識無境比量」。

印度的國家權威很少干涉宗教機構的內部事務，這為雙方互敬互重創造了良好的氣氛。各王朝從來沒有在宮廷內設立僧官以干涉宗教事宜，沒有使用更沒有出賣度牒。君主們沒有規定用考試方法來管制或取締僧眾，更沒有令僧侶稱臣、行跪拜禮及供奉帝王萬歲牌。

就這一問題，與中國和日本的情況進行一下比較，我們不難看到印度王權對僧界的寬厚、宥和。中國歷史上有過多次「沙汰」（淘汰；揀選），朝廷強迫所有無真正佛教學問的僧侶歸俗。尤其是「三武一宗」（即北魏的道武帝、北周的武帝、唐朝的武宗以及後周的世宗）的廢佛事件，使得佛教元氣大傷。再者，東晉開始設置僧官，以便統治佛教界；並在地方州、郡、縣都任命國家僧官，以統治所在地區的僧界。這樣，在中國，佛教教團的獨立性是名存實亡的。由於佛家受世俗統

治，印度佛教那種「出家人不敬王者」、「沙門不親近君王」的現象在中國不復存在；相反，佛教徒不得不視帝王為神聖。如周武帝迫害佛教時，衛元嵩不得不進言：「周王是如來。」任道林也說：「帝王即是如來，王公即是菩薩。」宋朝的僧人唱帝王聖壽萬歲；元朝時，佛教徒更仰敬皇帝為「法身佛」。

　　日本的情況大抵如中國，中央及地方的僧官大多由大名（較大地域的領主）、武士擔綱。如果說中國是士統治僧的話，日本則是武士統治僧士。明治四年（一八七一）廣如寫的《御遺訓消息》說：「凡是出生在這個皇國裡的人，沒有一個人不蒙受皇恩。特別是今天，陛下風衣操勞，宵夜旰食⋯⋯對內使億萬百件安居樂業，對外與萬國相對峙，我們不管是僧人還是俗人，有誰會不幫助傳播王化，使皇威光輝燦爛呢？況且，因為佛法得以在這個世界上傳播，完全是依靠國王及其大臣的保護，信仰佛法之人怎麼能夠忽視王法禁令呢？」

　　此外，在王權與僧權孰高孰低的問題上，日本也與中國類同；他們聲稱：「佛是九善，王是十善。」日本的許多佛教寺院都安放著上書「今上天皇陛下聖壽萬安」的牌子。

　　故印度「王僧交融」的權力結構乃是社會統治和平衡的某種機制，一種民族文化特有的權力智慧。

神話世事為源頭的國名地名

　　每個民族對自己的祖國都無限熱愛，他們或者以滿懷的深情、或者以充分的自豪感、或者以美好的願望來為各自的國家命名。不可否認，當一個國名為全民族接受時，它也必定蘊含了該民族濃縮的智慧。「中華」、「華夏」的稱呼不就帶有充

分的自豪感嗎？即便是一些綽號，如美國為「山姆大叔」，英國為「約翰牛」，同樣也表現出各民族的幽默和睿智。

歷史上，印度、巴基斯坦和孟加拉本是一個國家，許多人曾經是血脈相續的同胞。本文擬從國家和首都的命名，窺探一下當地民族的才智。

「印度」的名字來自「印度河」（Indus），它實際上是其他民族對印度民族的國家之稱呼。印度各族人民稱自己的國家為「婆羅多」（Bharat），「婆羅多」一詞出自印度大史詩《摩訶婆羅多》。眾所周知，《摩訶婆羅多》和《羅摩衍那》兩大史詩充分體現了印度人的聰明才智和豐富的想像，是印度民族對世界文化的寶貴貢獻。《摩訶婆羅多》意為「偉大的婆羅多」，而「婆羅多」一詞的梵文意為「月亮」，這「月亮」族是北印度的一個民族。印度人以此來命名自己的祖國，既體現了她的悠久歷史，又以無限深情把她神化。

印度人也為他們的首都「德里」編排了許多傳說，其一出自《摩訶婆羅多》。據記載，兩千多年前，古代印度族在此建都，當時名叫「印德拉普臘斯塔」，意為「因陀羅神所在地」。我們知道，「因陀羅」是印度人崇拜的神，具有「雷霆神」、「戰神」、「風暴神」等諸多職能，總之是一種超力量的象徵。於是德里被賦予了神聖性。另一傳說則充滿熱愛的深情。據說，印度古代的一個土邦主想找一個理想的地方建城。一次，他巡獵至此，發現這兒河川交錯，土地肥沃，風景秀美，到處是一派繁榮茂盛景象，於是德里就誕生於世了。

關於「德里」名稱的來源，有一種說法充分言明了德里舉足輕重的地理位置。德里地處朱木拿河西岸，北靠喜馬拉雅山脈，南面是丘陵，丘陵西是沙漠，位於西北印度與恆河中下游

流域之通道的咽喉處，歷來為兵家必爭之地。不管是哪一方，只要奪得德里，就等於開始踏入另一方的領域。因此，「德里」（Delhi）一詞來源於「Dehlies」，意為「門檻」。另一種說法則使人們方便地憶起歷史事實，那是因為公元八世紀曲女城的土邦主迪利重建此城，因此得名「德里」。

其實，用歷史事件中的一個關鍵詞彙命名地名（如用「迪利」的人名命名「德里」），使人們一談到地名來源時就會聯想到歷史事實，這是一種十分聰明的做法。

借鑑「爵士」音樂的命名，我們也能看到異曲同工之妙。有一批黑奴販運到北美，他們在勞動休息時，跳著非洲叢林中充滿野性的舞，身體快速旋轉，光腳啪嗒啪嗒打地，這給美洲帶來了幾分新鮮感。一名白人前去詢問跳這種舞的黑奴，這屬於什麼舞步。由於語言不通，黑人含糊地回答「Jussi」，於是「爵士」便成了這種野性舞的名字。當我們提到「爵士」時，黑非洲叢林文化不就顯現了嗎？

英屬印度首府加爾各答的名字也有相似的來歷。十七世紀末，加爾各答地區是一片樹林和沼澤，野獸出沒其中。當時這裡是只有三個茅舍的小村，十分荒涼。一天，一支英國遠征軍到達這裡，向正在收割稻子的孟加拉農民打聽這是什麼地方。農民不懂英語，看著英國人手指著地，便以為英國人是打聽這片稻子何時收割的，就隨口回了一句 kal kala（孟加拉語，意為「昨天收創的」）。英國人以為這是這裡的地名，於是該地便成了「加爾各答」。

如果說，印度的國名「婆羅多」體現了悠久的歷史和神聖化的特點，那麼巴基斯坦的國名則顯示了政治智慧，它體現出強烈的現實性和政治目的性。由於歷史和現實原因，原本屬於

一個國家的人民分裂了，信仰伊斯蘭教的群體到二十世紀時萌發了建立自己國家的思想。一九○六年，全印穆斯林聯盟成立，一九三○年，伊克巴爾第一次提出主張，意欲在南亞建立穆斯林自己的國家。但這國家叫什麼名字呢？如何利用這個國名表達自身的政治意旨和特質呢？這是一個令人費神的難題。旁遮普青年喬杜里・麥特・阿里充分顯現了他的才智。

一九三三年，他根據南亞穆斯林大多居住於印度西北各省的特點，又鑑於他們都有共同的政治志向，就把西北各省省名的第一個字母取出來：取旁遮普(P)，西北邊省、即阿富汗領地(A)，克什米爾(K)，信德(I)和取俾路支斯坦的詞尾（stan），組成「pakistan」（巴基斯坦）一詞，意為「清真之國」。你看，他把地名與現實的政治目標結合得多麼完善。此後，「巴基斯坦」成為一面旗幟，M・真納最後完成了這一歷史使命。

巴基斯坦的首都是伊斯蘭馬巴德（Islamabad），一九六一年正式動工興建，一九六二年二月定名。首都的命名與國家的命名一樣，都表現出強烈的政治性和目的性。

孟加拉國儘管建國僅十幾年，並且如巴基斯坦一樣，也是穆斯林國家，但其國名體現的卻不是現實的政治智慧，而是更多地與歷史緬懷聯繫在一起。孟加拉國也可稱班格拉迪什（Bangladesh），因為「迪什」（desh）的孟加拉文意為「國家」。「班格」的稱呼幾乎可追溯到公元前二、三千年。古代經典《森林書》中就記載了「班格」一詞的來歷。在遙遠的古代，恆河下游金德拉族國王巴利有五個兒子。在他行將去世時，把五個兒子召到榻前。他把國土分為五份，讓兒子們各自為政。五個兒子中有一人名班格，他的國土就大約位於今孟加

拉國地區。因此，「孟加拉」（Bengal）一名顯然是由「班格」王國的名稱演化而來。

談到孟加拉首都達卡（Dhaka），顯然也會使人情不自禁地憶及動人的傳說。據傳，森那王朝開創者亞迪蘇爾得知他最寵愛的王后懷孕時，真是高興萬分。但由於亞迪蘇爾曾經對神有過怠慢，因此神依附在他身上，使他身不由己地對王后大發雷霆，最後竟平白無故地把她驅出王宮。王后遭此突然打擊，走投無路，便跳河一死了之。但慈善的河神救她出水，並讓杜爾迦女神保護她。在女神的精心護理下，王后生下了兒子。小王子在杜爾迦女神的關懷和教誨下，長得相貌堂堂且聰明無比。一天，王子在茂密的森林中漫步，見到杜爾迦女神像。為了報答養育之恩，他特地蓋了一座寺廟，供奉女神偶像。這寺廟命名為「達卡寺」，意為「被（森林）遮蓋的寺廟」。後來，這寺廟香火大旺，前來參拜的人見這裡樹木蔥鬱，鮮花嬌艷，土地肥沃，便紛紛定居下來，成為一個人口眾多的城鎮。於是這地區被稱為「達卡」。

國語、國旗、國徽

國語、國旗、國徽的選擇從來都是深思熟慮和嚴肅謹慎的，其間的政治智慧不言而喻。推廣印地語為國語，視這運動為民族獨立鬥爭的一部分，它對於促使印度民族自覺，樹立民族自尊、自愛的精神，發揮了巨大的作用。

自從十三世紀穆斯林入主恆河與印度河流域，作為當地語言的梵語失去了官方語言的地位。穆斯林以波斯語和阿拉伯語代之，而後以波斯字母拼當地的印度語，出現視烏爾都語為顯

赫的時代。接著，西方人侵入，待英法七年戰爭後，英國把印度一步步變為殖民地，於是英語又成為顯示身分的語言。

　　為了振奮民族精神，爭取民族獨立，印度許多民族主義者都致力於推廣印地語（梵文體的字寫當地人說話的音）運動。拉賈‧拉姆莫漢‧拉姆和提拉克等人都提出以印地語為全印度語言的主張，並且都為之竭力奮鬥過。潘迪特‧馬登姆漢‧馬爾維雅一八九三年七月十六日主持了「推廣印地語協會」成立大會。一九一〇年五月一日，全印印地語文學會創立。聖雄甘地一直宣傳把印地語作為國語。一九〇九年，甘地在《印度自治》的小冊中寫道：「民眾都要有印地語文知識，印地語應成為全印度的語言。」一九二一年，甘地在印地文版的《新印度》中說：「我將永遠為使印度斯坦語成為國語而奮鬥。毫無疑問，除了印度斯坦語，其他任何別的語言都不能作為國語。」一九五〇年，印度憲法確認印地語為國語。

　　國旗是一個民族的標幟，令該民族激動、自豪，是激勵民眾奮發向前的動力。一九四七年七月二十二日，印度立憲會議決定以赭、白、綠橫條三色旗作為印度國旗。當年八月十四日午夜，精心製作的國旗由婦女代表獻給了立憲會議大會。立憲會議的決議宣布：印度國旗為三色，為比例等同的赭、白、綠三種顏色的橫條。白條中間是深藍色的輪子，形象取自於鹿野苑獅柱上的輪子，輪子的直徑略小於白條的寬度。旗的長寬比例為三：二。

　　這三色旗的由來也十分有意義。第一次嘗試製作是在一九〇六年。當時英印政府把孟加拉分省案強加於印度人民頭上。總督寇松（一八九九～一九〇五）為了打擊印度正蓬勃興起的

民族運動，提出重新安排省區，尤其要把孟加拉分為東西二部，因為印度民族運動的許多領導者產生於此地，運動在這兒的發展勢頭十分迅猛。而且，當時的總督府正設在加爾各答，處於運動漩渦區。當地印度教徒和穆斯林的宗教糾紛也是促使分省的另一原因。一九〇五年七月，英印政府不顧印度各請願團呼求，宣布分省。於是，孟加拉發生騷動，各團體紛紛嚮應這一活動。國大黨宣布「分省日」十月二十六日為「民族誌哀日」，提出「自產」、「自治」口號。青年們更是群情激憤，在加爾各答的一次集會上升起一面二色旗。這便是國旗的開端。

國旗的顏色和圖案總是蘊含著深遠的意義。國旗最上方的赭色橫條，象徵在印度的歷史和文明的各階段中曾有過無數的犧牲和貢獻；白色象徵和平、非暴力、真理和博愛；綠色象徵印度鬱鬱蔥蔥的大地，顯示出它是一個農業國。

國旗中央的輪子是古今結合，是傳統、現實和展望的合一。聖雄甘地要讓印度國旗上帶有紡車圖案，它含蘊著謙虛、國民精神和自給自足，象徵著甘地的哲學和非暴力運動。然而對於一個幅員遼闊和人力、物力強大的國家來說，紡車的力度似乎尚嫌欠缺。因此印度人為三色旗選擇了阿育王輪，它取自鹿野苑獅柱，既好像紡車輪的外形，象徵著生活的進程，鼓舞印度人民把事業不斷推向前進，又實實在在是印度人引以為自豪的帝國之王的標誌。

《印度國旗彙編》指導人們怎樣正確使用國旗。該小冊子規定，在任何人或物前面，不可垂下國旗，因為民族的象徵應永遠昂首挺立，高高飄揚。在共和國節日、獨立節、甘地紀念日等特殊日子裡都要懸掛國旗。赭色橫條永遠朝上。國旗應升至旗桿頂端，旗桿應該筆直挺立。升旗在旭日東升之時，降旗

सत्यमेव जयते

· 印度國徽

則必須在日落之前等等。

國徽是阿育王時期的獅子雕像，也取自薩爾納特地方阿育王石柱的柱頂，四隻背靠背坐著的獅子屹然組成基座，各面一個方向。腳下各有一輪二十四幅的法輪，法輪之間分別繪有一雙象、一雙獅子、一雙牛、一匹馬。下方有國家格言「唯真理必勝」。既是對「黃金時代」的帝國最高、最強的緬懷和引以為自豪，又是對當代人的號召和激勵，並且體現了印度民族的氣概。

石刻詔書

阿育王是古印度最偉大的帝王之一。在某種意義上，他與漢武帝的歷史地位頗為相似。有關阿育王的政治智慧或治國謀

略，可以寫成一本專著。本文僅就阿育王的詔書陳述一二。

宣揚威名，這顯然是每個帝王都嚮往的事，但帝王們採用的手段各不相同。中國皇帝常用巡遊全國的辦法來突顯赫赫帝威，如秦始皇、隋煬帝、康熙、乾隆等，都有此舉。如能揚名國外，帝王們當然也不會放過，如明朝皇帝派遣鄭和七下西洋，不能說與宣揚威名毫不相干。

印度的帝王也一樣，阿育王在宣揚威名方面也有自己的高招，一系列石柱、石碑的建立與銘文的琢刻，就與這一目的息息相關。蘭簡雷指出，石刻詔書，「用強大統治者的權力和威嚴來感動和恐嚇民眾。」為阿育王歌功頌德的文字或是刻在岩石面上，這以「大小岩諭」著稱；或是刻在特地樹立起來的石柱上，它們以「柱諭」聞名。阿育王大約樹立了三十根獨立石柱，其中有些刻有銘文。最重的一根達五十多噸。魯利雅·蘭丹加赫石柱製作精良，以磨光紗石鑲面，高達三十多呎。這些石刻詔書一般都設立在群眾可能聚集的場所，因此也可說是帝王用以宣揚威名的宣言書。

石刻詔書的效能不僅僅在於宣揚威名，從它們的內容判斷，還能體現出阿育王精心設計的其他種種用意。

阿育王以武力拓展了疆土，在全國平定以後，他需要穩定而鞏固的統治。將凶狠的窮兵黷武者改變成和氣親善的君王形象，這是阿育王的政治謀略之一。按照十三號石刻詔書的說法，公元前二〇六年，阿育王出征羯陵伽諸王，並且徹底擊潰了他們，從而基本上平定了全國。這位國王覺得戰爭已不成為必要手段了，於是他急於改變面目，處心積慮地說：「十五萬人被放逐，十萬人被殺，家破人亡者多倍於此……」戰爭引起的毀滅使他悔恨交加，於是他尋求贖罪，一夜之間戲劇般地皈

依了佛教❶，並發誓拋棄把戰爭作為征服的手段，「放下屠刀，立地成佛」了。

阿育王利用詔書形式，向全國人民頒布了他的治國之綱——「大法」。在當時，各階層、各宗教林立，並且帝國幅員遼闊，這就使孔雀王朝下的人民需要一個核心或一個共同綱領，以面對這些分歧的勢力，以便使民眾聚合在一起，加強團結。這一系列理由促使阿育王孕育了「大法」的思想。而「大法」以石刻詔書的形式向全民宣揚，這就真正做到了家喻戶曉，使人們有固定的標準來要求自己、約束自己。這種詔令與全民直接見面的方式，比起官員們層層扭曲地傳達，益處是顯而易見的。

教派間的紛爭不休常常是不穩定的因素，已一統全國的阿育王當然不願看到紛亂局面的出現。出於穩定大局的策略考慮，他不採取「廢黜百家，獨尊『佛』學」，而是採用兼容並包的寬鬆政策。他再一次運用岩石詔諭的形式，使自己的決策直接與全民見面。

> ……阻止在不合適的時機吹捧自己的教派，毀謗他人的教派……在每個場合，人人應尊重他人的教派。因為只有這樣，才能增加自己教派的影響和有益於他人的教派。如不然，則削減了自己教派的影響並有害於他人的教派……所以和平友好要予以讚揚，以便人們可以聽到別人的原則。（《岩諭》ＸＩＩ，見 Ｒ·塔帕爾《阿育王與孔雀王朝衰落》）

---

❶ 據印度歷史學家塔帕爾教授說：另一處銘文顯示，阿育王不是一夜之間皈依佛教的，只是在兩年半以後，他才成為一名熱忱的佛教信徒。

阿育王利用石刻詔書來宣布「仁政」，同時也使自己在國民面前樹立起崇高的形象。

> 我已下令在路邊種植榕樹，給牲畜和人們以陰涼。我已下令種植芒果園林；我下令每隔九哩挖水井和建憩亭……我處處設立許許多多供水點，以供牲畜和人們享用。然而這些得益是重要的。確實，世界在多方面，從以前的國王們、也從我這兒，已享受到了關懷。但是，我之所以做這些事情，是為了我的臣民能遵從「大法」。
> （《柱諭》，ⅤⅡ，見 R‧塔帕爾，《阿育王與孔雀王朝衰落》）

即便是一些細緻的規矩，阿育王也常借用石刻詔令的手段頒布，這使得人人明乎法規並有助於雷厲風行地貫徹。例如，在第一號詔書中，阿育王毫不留情地攻擊那些由於迷信而舉行的「無用的儀式和獻祭」，攻擊那些意味著確保旅行安全或從病中迅速康復的迷信儀式。尤其值得注意的是在這份詔書中，先宣稱：「過去御膳房每天要殺死十萬隻畜類。」然後下了一道嚴格的命令：「在這裡，嚴禁殺生獻祭。」儘管後人認為「御膳房每天要殺死十萬隻畜類」的數字難以置信，但阿育王戒殺的決心還是能看到的。而且以後的事實證明，帝王的這條禁令在全國的貫徹中還是效果顯著的，因為在坎大哈的阿育王詔書（用希臘文和阿拉米語鐫刻）中，皇帝宣揚了自己戒殺的功果：「漁夫已停止打魚，獵人也不再狩獵。」

在阿育王的石刻詔書中，我們也看到他有過度誇耀勝利的現象。例如，他宣揚自己不假兵戈，依靠「大法」征服了世界。公元前二六五──前二五五年的一處銘文中，他說──

在此地，在所有邊遠的地區，乃至在遠達六百由旬（Yojanā巴利語、梵語。古代印度長度單位）的地方——統治那兒的希臘國王名叫安條耶伽（Amtiyaga），而安條耶伽之外，是托勒馬耶（Tulamaya）、安提塞耶（Antekina）、馬卡（Maka）和亞歷基山大拉（Alikyashudala）四個國王❷的土地。

那裡的人們也聽到了天愛善見王實施大法的消息以及有關大法的條令和訓諭；他們也正在遵行大法。

據上述之銘文，阿育王顯然在向他的臣民誇大其辭，故意製造出一種假象，好像至上的「大法」能在全世界取得很大的成功。這不僅顯赫了自己，而且也驅使印度人更死心塌地遵行大法。這大概也算是一種「兵不厭詐」的謀略！

德里保衛戰中的用智

印度一八五七年的民族大起義是世界歷史的重大事件之一。「德里保衛戰」就是歷次大起義中最有名的戰役之一。

英國軍隊在圍攻德里之前，曾公開揚言：「見到德里之日，就是征服它之時。」然而，實際上，從一八五七年六月英

---

❷ 這四王已被鑑定為；敘利亞的安條克二世（Antiochus Ⅱ，公元前二六〇～前二四六），即塞琉古一世的孫子；埃及的托勒密三世（Ptolemy Ⅲ，公元前二八五～前二四七）；馬其頓的安提柯·貢那特（Antigonus Gonatus，公元前二七六～前二三九）；錫來尼（Cyrene）的馬伽司（Magas）和伊比路斯（Epilus）的亞歷山大。

軍圍城到九月十四日攻破克什米爾門及經過六天的城中激戰，英軍才最後以慘重的代價奪取該城。

在此次戰役中，英軍第二任弘下巴納因德里城久攻不下，身心憔悴，於七月五日猝然喪命。第三任司令萊德也因作戰不力，被迫辭職。一些有名的英國將校亦在德里之戰中慘死。因此，仔細考查印度人在德里保衛戰中呈現的聰明才智，不失為是一樁趣事。

起義者和德里市民的第一項謀略舉動，就是推選巴哈杜爾‧沙二世為皇帝。這種做法至少在以下幾方面是明智的——

(1)利用「皇帝」名稱的威望，令整個民族憶及歷史和傳統，從而轉化為對英國人的仇視。例如一份效忠文書中寫道：「殺死和從印度斯坦的土地上驅逐一切英國人，這就是所有男人和女人的職責。」

(2)推舉年高德助且十分開明的巴哈杜爾‧沙二世為皇帝，使他成為獨立戰爭的領袖。這有助於使各自為政的起義軍形成一個核心。

(3)印度教徒與伊斯蘭教徒長期以來爭執不休，暴力不止，巴哈杜爾‧沙二世不是作為過去莫臥兒帝國王位的世襲繼承者，而是印度民眾為了爭取民族自由，反抗入侵者而自由選擇出來的君主。所以，他的出任，宣布了兩教教徒長期以來敵對的中止。因此一八五七年五月十一日，在皇帝登基時，印度教徒和穆斯林都向這位皇帝表示熱烈歡迎和誠摯的忠心。我們從德里發表的一份公告中，也看到巴哈杜爾‧沙政權就是以傳統信仰來號召人民的：「我們堅持的信仰只是達磨（即阿育王皇帝提出的『大法』），我們作為神（既

不提印度教的神，也不提穆斯林的真主）的子孫，應不惜拋棄生命和財產，投身於為傳統信仰而鬥爭的正義事業。」

這位老皇帝不負眾望，謀略不凡。他採取了一系列正確方針，使德里軍民眾志成城，終使英軍三個月間寸土難進。他登基後不久便發布公告，針對印度諸宗教對立的現實，號召全民族團結一致，共同對敵：「全體印度教徒和全體穆斯林，我們以宗教的名義，和民眾站在一起。任何時候，誰要聽信英國騙子的謊言，他應感到羞恥……印度教和穆斯林必須在這場鬥爭中聯合起來。」為了使兩教團結，皇帝向全國發布禁止屠牛的命令，因為印度教徒視牛為神聖之物。有一次，一些穆斯林狂熱分子意欲在宗教上污辱印度教徒，這位信仰伊斯蘭教的老皇帝乘坐大象巡行全城，並且宣布：任何人膽敢殺死一條母牛，就會被砍掉一隻手。在他竭盡全力敦促下，德里城中兩教教徒始終團結一致，共同與英軍作殊死搏鬥。

知人善任，任人唯賢，大概是這位皇帝的又一過人之處。他深知，只有一名德高望重的人物，才配當總司令之職，才有能力把各個不同的團隊捏合在一起。由於眾多官兵有著不同的宗教信仰、不同的種姓，且互不相識，要使他們在變幻的風雨中同舟共濟，實在很困難。儘管一些大臣也作過努力，但效呈小佳。皇帝急需一位權威把分散和相互排斥的力量凝聚在同一目標下。當得知素有威望的巴卡特・汗率軍來投德里時，他抓住這一天賜良機，以盡可能的高規格迎接他，樹立其地位。據一位官員的日記記載：「巴卡特・汗軍隊的來到是眾人望眼欲穿的。皇帝用望遠鏡從很遠的地方就瞭望著這支軍旅的到達。」七月二日清晨，皇帝率眾臣和德里市民，迎接這支軍隊

進入。在巴卡特‧汗向皇帝表示效忠時，皇帝藉機發揮：「最熱切的願望就是人民得到完全的保護，勝利進行消滅英國強盜的鬥爭。」然後皇帝伸手示意，請他任總司令之職，並當場把各部隊首領召集在一起，要他們對任命表態。當眾人表示同意時，他趁熱打鐵，馬上舉行軍事宣誓。接著轉身向全城宣布巴卡特‧汗為總司令，當場贈送盾牌、寶劍和將軍頭銜，同時還任命莫臥兒王子米爾扎為副司令，以顯赫巴卡特‧汗。當這位新任總司令稟報皇帝：任何一名高貴的王子或貴族如果膽敢在德里不遵紀律，他將毫不猶豫地割掉其耳朵和鼻子時，皇帝回答：「你被授予最高權力，一切悉聽尊便。」

這位皇帝的又一聰明之處是用一切時機鼓舞民眾的鬥志。在德里保衛戰中，恰逢普拉西戰役❸的周年紀念日（六月二十三日）。皇帝號召人民不要忘記祖國的奇恥大辱，用血的鬥爭來洗刷一個世紀以來的屈辱。於是德里城內所有士兵和市民的呼喊匯集成低沈而隆隆的吼聲：「為普拉西雪恥，為普拉西報仇。」那天黎明，起義軍隊爭先恐後地擁出大門，向英軍陣地衝擊，戰鬥得異常驍勇和激烈。英軍上校雷德說：「叛軍大約在十二點發動了最激烈的全線攻擊。他們打得十分出色，使用來福槍和大炮轟擊，一次又一次向我們襲來。有一陣子，我想我可能死在這一天。」

---

❸ 英國侵占印度的戰役。普拉西（Plassey）位於印度加爾各答北八十三公里，一七五七年六月二十三日，英國東印度公司的克萊武收買孟加拉的印軍司令米爾‧賈達爾（Mir Jatar」，擊敗孟加拉印度總督錫拉吉—烏德—達烏拉（Siraj—ud—daula）於此。印度由此開始淪為英國殖民地。

從軍事的角度看，印度士兵在這次保衛戰中也充分發揮了聰明才智；第一，起義軍儘管處在敵眾我寡的不利局面下，並且從地形上說，英國人也居高臨下，四面包圍，處於絕對的有利條件。但印度軍隊並不是一味死守，而是巧妙地運用騷擾戰術，迫使英軍在局部成為劣勢，固守原駐地而不敢向前移動一步。例如六月十二日，印度軍悄悄出城，隱蔽在樹叢和窪地裡，潛進到離英軍戰壕五十碼的地方，然後突然襲擊。重創英軍後，又迅速撤離。為了使騷擾戰持久不息，印軍還規定，凡是新進城的部隊，必須在第二天去攻擊敵人。

印度軍的另一方法就是竭力策反尚在英軍中服務的印度人，常常帶來許多出奇不意的效果。一名英軍軍官卡伊寫道；「一支當地的非正規騎兵部隊本來是英國的部屬，這時倒戈投向叛軍。」英軍另一軍官記載，一名英軍校官就是被印度擔水夫打死的。印度人甚至還團結更多的朋友，使「許多歐洲人也參加到起義的行列中來，為反對英國當局而戰。」

從巴卡特·汗個人的指揮來看，他也顯露出非凡的才幹。在治理內務上，他強令警察總監維持好城內秩序，如城內發生搶劫或火拼，他將把總監送上絞刑架。這位總司令提出全民皆兵的主張，命令德里的每一個市民都必須武裝起來，所有的商人和房業主必須擁有武器。凡是沒有武器者，要立即向警察局申請，可以免費領取。為了防止民眾手中有武器而產生治安問題，他又規定如果有人進行搶劫，一經發現，便砍下他的手。此外，他還合理地安排兵力，讓眾多義軍分批投入戰鬥，分批進行整修。經他率領和整頓後，印度士兵的戰鬥力大大提高。

一名英國戰地記者寫道：上校賽格看到一名印度步兵經過英勇搏鬥，徒手打死曾勇立戰功的彪悍騎兵湯姆遜後，他就衝

上前去擊斃了他，奪回湯姆遜的屍體。此時，另一名印度士兵衝上前去，他令賽格驚慌失措。旁邊另三名英國兵前來解圍。這名印度人毫無懼色，先刺傷一英軍，又刺死另一英軍，但被第三名英士兵刺死。戰役後，賽格和湯姆遜（儘管已死）都獲得了「維多利亞勛章」。這名英國戰地記者補充說：如果按實際戰鬥來看，那名印度士兵也實實在在應獲得「巴哈杜爾‧沙勛章」。

哈里真：賤民成了神之子

總結一下聖雄甘地的鬥爭經驗，人們會發現他在政治、社會、宗教等諸多領域中都顯示出豐富的謀略。

千百年來，印度的「種姓制度」一直是壓在下層人民頭上的大山，是社會進步的最大障礙。甘地為了創建一個自由、平等的印度社會，想出了種種方法，制訂過種種策略。「哈里真」一詞的首創便是其中之一。「哈里真」意為「神之子」，甘地用來稱呼「賤民」或「不可接觸者」。眾所周知，在印度的種姓制度中，民眾被分為貴卑不等的四個種姓，而那些最賤卑的人甚至不能列入種姓，這些人就被稱為「賤民」或「不可接觸者」。

印度的賤民最早產生於古代印度的法經和法典時期（約公元前五世紀～公元三世紀）。這些法經和法典由婆羅門學派編寫，其中已有不少關於賤民的記載。幾千年來，賤民階層在社會上受壓迫、受剝削、受歧視最深。《摩奴法典》規定：「賤民」只能穿死人的衣服，用破碗吃飯，戴鐵首飾。他們只可以

定居在骯髒的鄉鎮郊區，住在黑暗的小茅屋中。他們不能使用公共水井，孩子不准進學校，宗教慶典時被拒於大門之外，一切最下賤的工作都由他們承擔。更有甚者，這些人被看作生下來就下賤，並且還會玷污別人。法顯的《佛國記》記載賤民「若入城市，則擊木而自異，人則識而避之，不相搪突。」因此有人認為他們的地位比美國南北戰爭前的黑奴都不如，因為黑奴尚能當保姆、奶媽和廚子，印度賤民卻不能進入同胞的屋子，甚至禁止被人看到他們的身影，所以上述這類黑奴的僕人工作，他們也沒有資格去幹。八〇年代，印度東海岸發生一次颶風，造成數百人死亡。事故後竟沒有一名印度教徒前去救援和搬運屍體，因為他們擔心死者中有賤民。（拉杰謝卡爾：《印度的種族歧視》）

　　甘地提倡人的平等，他對種姓制度有自己的見解：「每個人生下來就有一種明確、不能超越的界限。細心探查這類界限，便能推導出瓦爾那的法則。這一法則給具有某種偏好、特長的人界定了一定的活動範圍，這樣就避免了所有的沒有價值的競爭。瓦爾那法則雖然承認這些界線的存在，但沒有承認人的高低貴賤之分。法則一方面允許每個人占有自己的勞動果實，另一方面又不允許他去剝削別人。然而當今，這一偉大的法則墮落了，以致聲名掃地。但是我深信，只要這個法則的含義被充分理解並加以實施，理想的社會秩序就能形成。」（沙爾馬《政治思想家甘地》）

　　甘地對賤民表示同情，他說；「我寧願粉身碎骨，也不願捨棄我那被壓迫的兄弟……我不願再生於世。倘若我注定再生塵世，我願作一個不可接觸的『帕利亞人』（賤民的一種），以分擔強加於他們的悲憤、凌辱和危難。這些使我竭力奮鬥，努力使他們脫離不幸的苦海。」（羅曼・羅蘭《甘地》）

因此，甘地稱他們為「神之子」，煞費苦心，要改善他們的處境。甘地在一九二一年阿迷達巴德的賤民大會擔任主席。他在演說中號召賤民：「你們原有建設偉大事業的可能，你們現在應當起來努力發展這偉大的可能，建設當前的偉大事業。」一九三二年，他把《少年印度》雜誌改名為《哈里真周刊》。一九三三年二月，他創辦了周刊《哈里真人》。

　　由於「哈里真」一詞是聖雄甘地創導的，並且甘地為「哈里真」們能獲得平等的地位，作出了不懈的努力，因此在印度獨立以後，「哈里真」的權力終於寫進了印度憲法和法律。然而這場革命不是朝夕之間能夠完成的，儘管聖雄甘地處心積慮地把「賤民」抬高到「神之子」的地位，以期保護他們的社會利益，但「賤民」制度仍然沿續下來。然而「哈里真」這一名詞畢竟已被社會所接受，雖然哈里真仍然受著迫害。例如，印度的報上常常可見和極少變化的標題是：「哈里真被砍頭」、「兩名哈里真女子被強姦」、「哈里真的村子遭火焚」等等。難怪有人在英廸拉·甘地（前任印度總理，一九八四年十月三十一日被刺殺身亡）譴責南非的種族歧視時，諷刺她說：「印度只有消除了賤民的存在，它才有資格譴責南非。」

Chapter 3
我他一體的人際智慧

涵蓋人世萬物的大法

印度人生活在凡世，卻偏偏喜歡想入非非，隨著各宗教的出現，諸多神國產生了，而且他們執意認為這些虛渺的神國是實實在在的。於是另一個問題油然而生：主宰人間與天國之行為規範的總準則是什麼？「大法」的概念終於在一小部分聰明人的頭腦中誕生了。儘管在印度人的觀念中，天國遠勝於人間，但這制約天地的總原則卻是道道地地人類智慧的產物。

「大法」（Dharma）一詞源出於詞根「dhr」。「dhr」意為「托撐」、「支持」或「承擔」。「大法」的職能實際上是「行為規範」和「行為準則」。印度史學家塔帕爾教授認為，「大法」實際意為「宇宙之法」或「正義」。

為了讓「大法」的原理能適用於人間與天國，尤其能為俗世各宗教都接受，它不是以規章和條例來作出定義，它指明的只是大模樣的政策。這些原理對於陶冶一般的行為是放之四海

而皆準的。例如，「大法」竭力強調寬容。這寬容包含兩個方面，即人們相互間的寬容以及在信仰和思想方面的寬容。阿育王立石詔宣揚大法，其中就談到：「對奴隸和僕人體諒，遵從父母，慷慨對待朋友、知己、親戚，尊敬祭司和僧侶……」同時也談到要「阻止在不適當的時機吹捧自己的教派，毀謗他人的教派。」「大法」的另一原理是非暴力。非暴力既蘊含著放棄依靠暴力的戰爭和征服，又蘊含著限制宰殺動物。「大法」的政策還包括今天與公共福利聯繫在一起的一些觀念，如對挖井、植樹、建憩亭等方面出錢出力，等等。

看來，「大法」的制訂者故意審慎地在細節上留下一片含糊，以便「大法」具有更強的適應性。這顯然也是他們的聰明之處。因此各宗教均可根據「大法」的總體精神，訂出一些行為規範的細節。例如，婆羅門教的《祭儀書》規定了婆羅門的四「大法」：(1)屬婆羅門家系出身的人，(2)採取同婆羅門尊嚴相稱的行為，(3)維護名譽，(4)引導世人。

對於一般人對婆羅門應盡的義務，《祭儀書》也提出四「大法：(1)尊敬婆羅門，(2)供奉婆羅門，(3)保護婆羅門不受傷害，(4)阻止判處婆羅門死罪。

如何簡單明了地闡解「大法」，如何使平民百姓也能悟曉「大法」，這看似複雜而麻煩的難題，在某些印度天才的頭腦中梳理、歸納以後，竟變得如此不可思議的簡單，即「大法等於真理」。「……這樣，『大法』實際上就是所說的『真理』。如果有人宣告什麼真理，人們就說他宣告了『大法』；如果他宣告『大法』，人們就說他宣告了什麼是真理。由此兩者是同一的。」（《廣林奧義書》）

由於「大法」是主宰人間與天國的行為規範，是一切的「真理」，那麼如何給「大法」定位，看來又是一個難題。但

在印度人面前，一切終究迎刃而解了。印度人把「大法」抬高到「絕對者」的地位。他們認為「大法」是全宇宙的根柢，萬物萬象依賴於「大法」。「全世界蘊於『大法』嘛中。遵從大法是最難不過的事情。因此，『大法』是最受珍重的。」（《摩訶那羅衍那奧義書》）

「『大法』是全世界的根柢……人們依靠『大法』之力消除一切罪惡。萬物安居於『大法』的寧靜中。因此，『大法』是最高的存在。」（《廣林奧義書》）

有一則比喻告訴我們，各種神祇也須遵守「大法」，並且「大法」與永久的「絕對者」是統一的：「彼處日升出，彼處日落往……諸神以為法。彼不僅為今日，也是明日。」（《廣林奧義書》）

設想「大法」為「總原則」，具有「絕對者」的地位，這在印度事實上是獲得成功的，因為各宗教、各派別基本上也都承認「大法」的存在及其至高無上的地位。「勝論派」在《勝論經》中斷言：儘管《吠陀》中有一些很好的事例證明，一個人依靠忠誠不渝地履行宗教義務，可以升入天界，獲得幸福。但在這一階段，他的靈魂之超脫境地還沒有達到……靈魂的升天是由一部「大法」（即「低法」）產生的，而靈魂的超脫是由另一部「大法」（即「高法」）決定的。因此，勝論派把他們的整個學說體系稱為「這種大法」（即「低法」＋「高法」），並認為真理的認識統統包含在這個體系中。

耆那教從他們的合理主義立場出發，斷定確實存在著人類和神祇無論何時何地都應遵從的「普遍之法」（即「大法」）。例如，耆那教聖書《阿逾蘭伽》教導：「所呼吸著、生存著、活動著、有知覺的生物，都不應遭殺戮，不應待之以

暴力和施以淫威，不應受折磨或遭驅逐。這就是清淨、持恆不變的永久大法之教導。」

佛教徒倡導同樣的「大法」觀念。他們認為，作為真理的「大法」是不受他物影響，是持恆不變的。《雜阿含經》三十卷、《法華文句》等諸多佛典都一再說：「有佛無佛，性相常然。」意即：不管釋迦牟尼出世或不出世，這法理、這事物的固定規則是必行的。釋迦牟尼佛是覺悟到「大法」的人，他力圖向有知覺的眾生揭示法理。由此判斷，「大法」的權威顯然是高於釋迦牟尼的。因此，《大緣生經》三十卷教導：一切生靈，甚至包括諸神，都敬慕佛陀褐示並接受的「大法」。該經卷還說：諸神祇也受世俗之難的困擾，他們必須遵奉「大法」，以使自己超脫輪迴之苦惱。

人和動物皆是有生類

印度人憧憬未來，嚮往來世升生天國，這種觀念必然使他們輕視今生。印度人崇拜神祇，對神聖者頂禮膜拜，這又促使他們貶視人身。為了宣揚神的高貴、人的凡俗，平凡之輩想出了不少高招。他們對「人」的歸類，大概是這些招數之一。

印度人把人與動物並列，統統歸入有生類，並盡力抹殺兩者之間的區別，這大概也是拉開人與神之距離的好方法。原始佛教最古聖典之一《長老偈》、耆那教聖典《阿逾蘭伽》，乃至在阿育王的一些詔敕中，都用「prana」來提示「人」；印度人在談及人時，還喜歡用諸如「prānin」、「bhūta」、「sattva」或「jiva」等詞彙。

西方學者把這些詞譯作「生物」或「生命力」，其含意不僅涉及人，而且涉及獸類或任何有生物。如福斯鮑爾（Fausböll）《法句經》的拉丁文譯本中，就把這些詞譯為「生物」。其實，梵語中也有相等於「人類」的一些詞彙，如「manusya」、「purusa」或「nara」，但印度人更樂意提倡人作為「有生類」的一員，所以他們很少使用這類詞。

　　印度的一些古典文獻也提倡這種說法。根據《問答寶鬘》的說法，倫理活動的行為主體是「有生類」。它認為，如果把道德準則局限於人間的相互關係，這是偏狹的。倫理的外延擴展，以致它能主宰人、獸和其他生物之間的所有關係。《法句經》也強調「人獸等同」論，例如：「一切有生類都愛戀生命。」「眾生都欲安樂，不應殘忍對待他們。」

　　印度人的有些語言是十分有趣的，從中也反映出他們的世界觀。印度佛教徒稱釋迦牟尼為「兩足尊」。他們認為人與動物是平等的，而兩者間的區別僅僅是「兩足」與「四足」，所以他們稱人為「兩本足」。釋迦牟尼呈現為人像，並且為人之尊者，故有「兩足尊」的稱謂。持有「人高於動物」之觀念的中國人卻犯難了，中國佛學者認為這樣稱呼釋迦牟尼是不尊的，於是他們挖空心思，把「兩足」解釋為「福德與智慧」的「二資糧」。

　　一些聖哲也宣揚這一立場，他們舉例說明：在滿足慾望，逃避苦惱方面，人與動物是沒有區別的。印度教的實際創立者商揭羅在《梵經注解》中說：「人的行為與獸的行為沒有什麼不同。一種刺激，如一種聲音，傳到諸如動物耳朵一樣的感覺器官，如果它感到不舒服，它就會躲避或跑開；當它感到舒服時，它就會尋音而去。當一頭牲畜看到一個人揮舞著棍棒，它想這個人要殺我，就遁逃了；當它看到一個人手握青草時，它

就走近那人。人實際上也如此。人是一種有理智的動物。當他看到一恐怖之人握刀相脅時，他撒腿而逃；當他看到相反神態的人時，他就接近那人。這樣，對於認識對象和認識作用的關係來看，人所採取的行動與獸類的反應是共通的。」

印度宗教的一些典籍來在對動物分類時，大都肯定了人與獸無區別的觀點。耆那教典籍《地持經》和該教聖哲金月的《最勝錄》根據誕生的方式，把有生類分成三組——

（一）突發生　諸神和地獄中的生物。
（二）胎生　有胞衣生、無胞衣生和卵生的生物
（三）凝集生　不包括上述兩類的其餘生物。

婆羅門教的典籍《梵動經》把有生類分成四組——

（一）胎生　出生於母胎的生物，如人類。
（二）卵生　由卵而生的生物，如鳥類。
（三）濕生　由濕氣產生的生物，如虱類。
（四）芽生　由芽而生的，如植物。

《歌者奧義書》則把有生類歸於三組，即：胎生、卵生、芽生。而濕生歸於芽生類。

由上述分類中，我們能抽象出一個共同特徵：人和動物都包含於胎生生物，這概念表面上與近代的科學分類相近，但印度人的這一概念不是產生於生態現象的科學研究，而是產生於將人歸類於生物世界的順理成章之結果。

順便談及：由於印度大多數宗教把人與動物視為等同，歸於同一類屬，所以它們幾乎不約而同地強調不傷害動物的倫理

道德。如果我們從這一立場著眼，那麼對於我們理解佛教、耆那教等諸多宗教都提出「不殺生戒」，大概也是一種不無益處的幫助。

自我他人不分

生活在社會中的人大概都有一個棘手的難題，那就是如何處理好人與人的關係，即如何在理論上和實踐上妥善解決自我與他人的關係。對於如何解決這一問題，各民族不盡相同，各自的理解和實踐，實際上顯示了各不相同的智慧之運用。

中國人在處理自我與他人的關係時，明明是突顯個人、突顯自我，卻總不免遮遮掩掩，儘量使「為了自我」不致過分顯眼。儘管曹操對楊修早已懷恨在心，但絕沒有在楊修頂撞或使其難堪時動刀，而是伺機以待，找到恰當的藉口，最終了卻心願。再者，如果不是突出自我並且儘量掩飾的話，范仲淹「先天下之憂而憂，後天下之樂而樂」一語就沒有什麼奇特之處了，它何緣成為千古美唱？又何必從古至今作為作文題目，一代代小題大作下去呢？

西方社會競爭公開而激烈，他們的人生觀也與之相輔相成，堂而皇之地把自我與他人置於對立的位置上。普勞圖斯（Plautus）毫不掩飾地說：「一個人對於其他人來說，就是狼。」即便是近代，霍布斯（Hobbes）也直言不諱地把人間的自然狀態說成是：「所有人對所有人的戰爭。」

印度人則採取另一種方式來平衡「自我」和「他人」，他們絞盡腦汁，抹殺自我與他人之間的界線。

從印度民族語言的習慣用法中，我們能窺探到一些蛛絲馬跡。西方語言在運用「使役形式」表達「使他人去做……」（make someone〔to〕do something）的意思時，動詞是按「指示人」與「被指示人」之間的行為關係來使用的。印度人竭力抹殺指示人的行為與被指示人的行為之間的差異，因此在梵語中，使役形式的含義與直陳形式的含義沒有什麼不同。例如，「dhārayati」（使領會）在實際運用時，與「dharati」（領會）是同義的。

　　在印度古代語言中，表示與個人相對立的「大眾」或「一群」的代詞是不存在的。由於印度人不認為自我與他人是對立的，所以，為了表明共同主語，他們往往把「眾人」或「眾男子」等概念以單數形式表示。例如，「jana」（意為「民眾」、「人人」）、「ayam paja」（意為「這些男子」）都是以單數形式表述的。相反，在古今的一些西方語言中，即使一個民族或一個團體的概念用單數形式表示，其謂語也是用複數形式來敘述的，如英語「people」就採用複數形式的謂語，「The people, and the people alone, are the motive force in the making of world history」（人民，只有人民，才是創造世界歷史的動力）。德語「Eine menschen sind gatötet」（許多人被殺）也如此。因此，西方各民族自古以來就有一個清楚的觀念：共同的行為主語是各個體的一個集合體。這樣，在西方社會，每一個體有內在的價值，因此出現了「有多少人就有多少思想」的格言。相反，印度人認為共同的行為主體就是一個不可分割的群體。

　　為了抹殺自我與他人之間的界限，印度人宣揚「自他連續觀」。印度人努力提倡不要把他人看作棄離於自我的對立面。換言之，他們提倡把他人作為自我的擴展，從而視他人與自我

本身合一，「指示」他人去做的行為實際上是自我行為的擴展，絕無主僕之分。真言密教的箴言「入我我入」，顯然就是建立在印度人竭力提倡的「自他連續觀」的基礎上。

　　自我與他人不加區分的觀念在印度人的日常生活中也有體現。美伽斯蒂尼作為古希臘派往印度的大使，在當時最繁華的華氏城住了許多年。他為後人留下殘缺不全的《印度誌》。在這本書中，他吃驚地寫道：印度人借錢給他人時，從來不要求一張債契。是的，對於父子之間的借貸都必須立下契約的西方人來說，這當然是難以理解的。

　　印度各宗教常常從倫理原則上強化自我與他人合一的觀念。他們認為，自我與他人在本質上是同一的，人與人之間的區別僅僅是現象形態的區別。這原則構成了他們倫理的核心。印度近代佛教領袖雷維倫・U・錫提拉（Reveren. U. Thittila）根據當時的世界現狀，十分強調「友誼」。

　　他在解釋友誼的基本原理時說：「正是友誼破除了人與人之間孤立的障礙。不存在僅僅因為他人屬另一宗教信仰或另一民族，就與之疏遠的理由。真正的佛教徒實施與他人和睦共處，不因種姓、膚色、階級和性別而造成差別。」（《佛陀之路，佛教徒闡述的佛教》）

　　大乘佛教的哲人寂天（Sāntideva）也教導說，一個人的最終狀態應能達到「他的鄰人轉化成他自己。」（《印度文學史》）

　　自我與他人融合，這一貫是大乘佛教實踐倫理中的理想境地。據認為，印度佛教的最後階段是萬物皆成佛，甚至「草木國土，悉皆成佛。」更何況同屬人類中的自我和他人。

　　婆羅門教和印度教也從否定「自我」的視角入手，來抹殺

自我與他人的區別。《彌陀奧義書》說：「自我觀念就像一隻陷入羅網的鳥一樣，使自己束縛於考慮『是我』或『是我的』。」《薄伽梵歌》教導：「捨卻一切愛慾，沒有『我的』或『自我』觀念的人，才能達到寂靜。」此外，「數論派」的《數論頌》中說：當個別靈魂達到「我不存在，無論什麼都不是我的，任何一切都不是我等」清淨的智和完全的智時，個別靈魂就從依戀中解脫了。

羅曼・羅蘭在《新印度之預言家》中寫道：「通常在歐洲人的思想中，『奉侍』暗示了一種自我的屈從感和卑下感。維韋卡南達（即辨喜）的吠檀多主義則完全不存在這種感情，『奉侍』、『愛』與『被奉侍』、『被愛』是同等的。維韋卡南達認為奉侍遠不是屈從，而是視其為生活的充實。」

對智慧的挑戰：種姓之謎

「種姓制度」是印度社會的基本制度，也是印度特有的社會階層制度。

人們看種姓制度，從來就如霧中看花，難識其真面目。儘管至今人們還說不清、道不明個中的奧祕，但種姓制度潛隱著十分豐富的智慧，這大概是可以肯定的。從古至今，印度人為什麼乖乖地順從它的主宰？一個印度人從搖籃到墳墓、甚至到來世，為什麼心甘情願地聽命於種姓的安排？種姓規定了他的婚姻、生活、工作、飲食、入葬；總之，規定了他生活的一切方面。

種姓制度的牢不可破性和堅韌不拔性，令世人吃驚和迷惑

不解。它經受了時間的考驗，從公元前六世紀印度有文字記載起，種姓制度就已呈現。而後綿延幾千年，它的影響始終存在。歷史上，一些國王、聖人、先知、改革家曾對種姓制度有過猛烈的衝擊，然而暴風驟雨過後，一切努力都是徒勞的，種姓制度仍舊巋然不動。佛教和耆那教，尤其前者，曾以極大的努力企圖鏟除種姓。儘管佛教盛極一時，種姓制度好像有所消隱，但改宗熱情一過，種姓制度又頑強地顯示了自身。更不可思議的是，它還侵蝕了新宗教，因為佛教徒不久也在種姓構架內，成了不同的種姓集團。

即便到二十世紀初，情況依然故我。羅闍‧羅姆摩罕‧羅易成立了「梵社」，旨在進行鏟除種姓的努力。儘管在城市和半鄉村地區一時風風雨雨，但時過境遷，種姓制度依然我行我素，而且「梵社」的成員也成為一個亞種姓，名謂「婆羅摩」。種姓制度的堅固性和再生性絕非偶然，儘管人們千尋百覓，但其根深柢固的本源仍然是「？」。

種姓制度極端複雜且變化多端，猶如萬花筒一般，其結構中蘊含的思維智力神祕莫測，始終是「？」。例如，千百年來，人們很難從根本上理解它，更難上升到理論界定。儘管各個時代的諸多學者費盡心機，但種姓制度至今未有一個令人信服的定義。相對而言，人們較讚賞的看法有兩種。

印度學者 G‧S‧古爾耶在《印度的種姓和階級》中標出種姓的六大特點：(1)社會分隔；(2)種姓間的上下等級；(3)飲食與社交限制；(4)日常生活與宗教生活的限制；(5)種姓間的職業限制；(6)種姓間的婚姻限制。另一學者施里尼瓦斯則作了如下界定：「一個世襲、內婚，通常是地方性的集團，與世襲職業相聯繫並在等級制中占有一定地位。」

簡單歸納，其特點為：(1)種姓是與生俱有，非後世皈依；

(2)婚姻限制；(3)空間上的限制，即地域性，特定種姓居住在特定地域；(4)職業世襲；(5)種姓是分等級的。

然而，綜上所述，它們都僅是現象歸納，至於種姓制度存在的必要性和必然性，留給人們的仍然是「？」。

世界上眾多學者都在探討種姓制度在印度緣起的原因，各種說法層出不窮。

其一，達爾曼等人認為：印度社會的基礎是三個自然集團，它們分別擔負三種重要職能，即宗教職能、政治職能和經濟職能。後來這三個等級集團化分為許多共同體，各共同體分別擔任各種職業，於是類似行會共同體的利益導致了共同感情，久而久之便發展成種姓。然而，這類三重職能在世界各民族中太普遍了，根本不是印度獨有的特色，為什麼唯獨在印度發展成種姓制度？再說，行會共同體在世界各國並不罕見，又何必非得產生諸如共餐和婚姻等一類的禁律？

其二，如阿比·杜波耶斯等歐洲的印度學者認為，婆羅門祭司為了對民眾分而治之，人為創立了種姓制度。但無所不在地彌漫於整個印度社會的種姓制度既強大、又穩固，它必然有深深紮根於印度土壤的自身合理性和迎合社會的適應性。否則，不管婆羅門集團的地位有多高，權力有多大，要把一個制度強加給社會，似乎力所不及。

其三，以古爾耶為首的大多數學者認為，種姓制度的興起主要在於膚色和種族的差異。赫伯特·里斯假設，早期雅利安人入侵者只是一些青年男子，他們征服了達羅毗荼人後，與黑膚色的當地女子通婚。待他們都娶足妻子之後，便立定界限，禁止兩種族之間再通婚，於是種姓制度逐漸成立。顯而易見，這種假設有很強的隨想性。古爾耶主要強調婆羅門祭司為維護

雅利安人的種族純潔，絞盡腦汁，搞成了種姓制度。但他認為，由於種姓制度的一些基本形式已經具備，祭司們不過是將它系統化罷了。那麼，這些已經具備的基本形式是什麼？這位大師卻沒有詳細論及。

其四，當代在宏觀上研究東方社會頗有建樹的馬克斯・韋伯對上述理論不很贊同，他提出了自己的看法。他認為：僅僅由於職業世襲，難以形成界線如此分明的隔離；種姓起源於注重禮拜儀式的共同體組織，這也難以令人信服。因此，種族成分和經濟因素是種姓制度產生的原因，「團體神聖」的信仰在種姓制度的形成和發展中起了頗為重要的作用，所以，印度人相信在各自的共同體內存在著世襲相傳的特殊而神祕的神授力；正是這種信念，才導致種姓制度的奠立。不過，讀者是否認為韋伯的解釋似乎有點「玄」呢？

印度學研究大家赫頓總結性地說：要斷定何種理論最佳是力所不及的，各種看法都具有一些種姓起源問題的史實，但任何一種理論的證據都不夠充分，難以令人信服。他說：種姓制度之所以沒有在其他地域發現，大概它是地理、社會、政治、宗教和經濟諸多原因相互作用的自然結果。但對一般讀者來說，如此籠統的說法等於沒說，因此「？」依然如舊。

了然的智慧令人稱道，玄妙的智慧誘人思索，種姓制度之所以延續至今，其慣性大概就在於這種莫名其妙吧！

梵我之辯

婆羅門是古代印度的統治階級，長期以來一直排位至尊。

為了鞏固自身的統治地位，他們極力宣揚三大綱領，即：「梵天永恆論」、「祭祀萬能論」和「婆羅門最勝論」。

所謂「梵天永恆論」，即婆羅門宣揚梵天能造一切有生物、無生物，因此是世界形成的終極原因。他們把客觀存在的自然、社會和人的產生與存在統統歸轄於幻想、獨立存在和永恆的精神實體「梵」和人格化的神「梵天」。他們鼓吹：「有一梵天住梵天天下，此處有常，此處有恆……此梵天梵福佑，能化，最尊，能作，能造，是文，已有，當有，一切眾生皆從是生，此所知，盡知，所見，盡見。」（《中阿含・梵天諸佛經》大正藏，一卷，五四七頁）「梵天造虛空，虛空造風、風造水、地，水、地造丘山、草木，如是有世間。」由此可見：世上一切皆出於「梵」；若世間萬象永恆，則「梵」必永恆。

「祭祀萬能論」又稱「祭祀萬能和吠陀天啟」。婆羅門為祭司階級，為抬高自己身價，竭力宣揚祭祀的絕對效用。求得諸神保佑，求得自身和全家來世往生天國，大概是印度人的最大願望。婆羅門教導人們，如果虔心祭祀，請願便能實現。例如實行馬祭，就是「取一白馬放之百日或云三年，尋其足跡，以布黃金用施一切，然後取馬殺之。」（《百論疏》大正藏，四十二卷，二五八頁）此馬便可升天，舉行祭祀者的父母、親屬死後也必可隨之升天。

所謂「婆羅門最勝論」，就是鼓吹婆羅門種姓至尊，他們在世間是代表梵天的意志，是法的永久體現者，因為「婆羅門姓梵天口生，剎帝利姓梵天臂生，吠舍種姓梵天髀生，從梵天足乃生首陀。」婆羅門為了進一步抬高自己，規定婆羅門有六種法，剎帝利有四法，吠舍三法，首陀羅一法。「六法者，一自作天祠，二作天祠師，三自讀韋陀，四亦教他人，五布施，

六受施。四法者，一自作天祠不作師，二從他受韋陀不教他，三布施不受施，四守護人民。三法者，作天祠不作師，二自讀韋陀不教他，三布施和受施。一法者，謂供給上三品人。」顯然，婆羅門擁有最多的法，那麼其至尊地位也就不言而喻了。

　　儘管婆羅門在古印度的勢力極大，但居於受制地位的反對者也總會設想出巧妙的對策，或者針鋒相對、直截了當，或者避其鋒芒、迂迴婉轉，一一加以駁斥。另外，我們在反對者駁斥的言論中，也能體味到在思辨方面的敏銳之睿智。

　　例如，佛教的《摩登伽經》一針見血地批駁「祭祀萬能論」，甚至譏諷婆羅門搞祭祀是因為貪饞，以便滿足口慾：「汝婆羅門，性嗜美味，而作是言。若祠祀者，咒羊殺之，羊必生（升）天。若使咒之便生天者，汝今何故不自咒身殺以祠祀求生大耶？何故不咒父母知識（此處知識應為親朋好友）妻子眷屬，而盡屠害使之生天？不滅己身，但殺羊者，當知皆是諸婆羅門欲食肉故，妄為是說。虛誑之人，而言尊勝，於理不可。」把這個婆羅門竭力弘揚為莊重的祭祀論說，竟貶得如此淺薄低卑。

　　「順世論」也敢於面對婆羅門權威，提出挑戰——

　　　蘇摩祭中屠宰的牲口，
　　　如果能即刻升上天？
　　　那麼為何祭祀者本人，
　　　不殺掉他的生身父母？
　　　……
　　　婆羅門為死者行祭祀，
　　　他純粹是出於謀生計。

數論派的駁斥較為婉轉，其經典《金七十論》針對吠陀天啟，批評了吠陀本身的過失。再如，許多教派批判了「婆羅門最勝說」，主張「種姓平等說」，這樣的典籍更是不可勝數。佛教主張「眾生平等」，認為不論出身貴賤、種姓高低，只要追求精神解脫，都能達到至高無上的地位。《摩登伽經》明確表明婆羅門與最低卑的旃陀羅（即不能列入種姓的「賤民」、「不可接觸者」），無論是生死還是行為，均有共同之處，說他們貴賤不同，是根本沒有道理的。《金剛針論》認為四個種姓都是梵天所生，就像一母生四子，怎麼可以有高低貴賤之分呢？

　　對於「梵天永恆論」的否定，反對派的手法更是五花八門。佛教採取直截了當的方法，根本不承認什麼梵天。《長阿舍》指出任何人都沒有見過梵天，可見所謂通向梵天的道路是虛誑欺詐的。耆那教也不承認梵天，但其手法較為婉轉。耆那教認為：「初生一男共一女，彼二和合能生一切有命無命物。」它用另外立論的方式，根本否定了梵天的存在以及世界一切皆出於梵的論斷。勝論派的方法也大抵如此，《勝宗十句義論》宣揚的世界觀是多元的實在論。它認為世界由九種實體組成，地、水、火、風、方、時、我、意，儘管這九元素分屬不同的物質和精神範疇，但勝論派一概認為它們是真實的存在，並且這九種實體各有自身的屬性和運動形式；這就根本不理會「梵」的存在。

　　更為委婉的大概是婆羅門教內部的反對派。據季羨林先生的看法，公元前六至五世紀時，印度各教派林立，百家爭鳴，正是奴隸制向封建制轉化在意識形態領域中的反映。此時階級地位發生了變化，剎帝利的地位上升，人們開始對婆羅門的特權地位提出質疑，因此對婆羅門維護自身特權的「梵天永恆

論」等也提出了懷疑。作為直接的反叛者，同是出身於剎帝利的釋迦牟尼和筏馱摩那分別創立了佛教和耆那教，以公開的形式反對「梵天永恆論」。而那些尚留在婆羅門教內的反對派則演出了一場曠日持久的「和平演變」，他們創設了代表上升階級的「我」（Atāma）來與「梵」爭位。

從時間上看，《梵書》時代後期出現了傾向否定「梵」的「我」論。「逍遙於一切生界，一切世界，遊歷一切處，一切方，彼聖者已達規律之初生，彼以自己之自我，歸入彼之自我。」（《瓦嘉沙賴耶本集》）此段話意為：有一聖人，雲遊八方以探知求真，尋找宇宙本源。最後，發現個人的靈魂與宇宙之魂合一了，亦即個人的「自我」歸藏於宇宙的「自我」了。至《奧義書》時期，「我」的地位更發展了一步，產生了「梵我一體」論。「見者若見彼，色似黃金堆，是創造者、主、神我、大梵……至上永者中，凡此皆合一。」（《彌勒奧義書》）待演進到了《薄伽梵歌》時期，我們可在詩中看到「梵」的地位似乎不及「我」了。如——

「我」的胎藏為大梵，
「我」將胎兒置其中，
那萬有，婆羅多，
皆由它萌發誕生。

於各種胎藏中，
萌發各種有形之物；
梵是有形物的孕育之器，
「我」為播種者又為其父。

「梵」原被推崇為宇宙的本源和絕對主宰，在這兒已轉化為「我」之下了。再者，《薄伽梵歌》為了進一步強化「我」，又創設並使用「無上我」（Paramatman）以示強調。

「要出人頭地，當奴隸去」

「要出人頭地，當奴隸去。」這近乎瘋話、傻話、發昏的話，在特定時間和特定場合，竟是充滿智慧的真理！

進入中世紀的印度一直處於不斷的戰亂之中，信仰伊斯蘭教的外族軍隊從西北方向排山倒海壓來，終於擊潰了印度各地區的防禦，長驅直入，占領了德里。最後，這些異族人在德里建立政權，史稱「德里蘇丹」（約公元一二〇〇～一五二六）。德里蘇丹時期共有五個王朝，而第一王朝即為眾所周知的「奴隸王朝」。顧名思義，創建者當為奴隸。

中世紀的中亞仍然存在著奴隸制，但它與位於其西方和東方的奴隸制不盡相同。西方的奴隸主要用於生產，而東方的奴隸，如中國、日本和東南亞的奴隸大多用於家務。作為奴隸，古羅馬的斯巴達克斯曾率眾造反，終因悲壯的一曲名垂史冊。探究斯巴達克斯造反的原因，很難說他僅是為了「出人頭地」；即便假設他的率眾起義是為了「出人頭地」，他也絕沒有為了這一目的而去自願投身為奴。

中亞突厥人的情況多少有些不同。儘管突厥人的奴隸制很早就存在，但投身為奴和贖身為自由人卻容易得多。如欠錢還不起就當奴隸，有錢便可贖為自由人。也可以賣自身為奴，如果替主人出力或有功，便可得褒獎，也可免去奴隸身分。中亞

當時戰亂不已，不僅部落間的相互戰爭頻繁，而且常常以騎兵襲擊和劫掠印度。這種局面給當時的突厥人帶來一種特殊條件。突厥人的文化程度不高，大多數人又出身賤卑，因此，要憑藉「文憑」和門第而出人頭地幾乎是空想。但是，突厥人好戰，中亞人尚且難與其匹敵，更不用說長期過慣安樂之農耕生活的印度人了。因此他們根據設身處地的環境，總結出一條出人頭地的捷徑，即先去當奴隸，替主人在戰場上拚命，然後因戰功再升為侍衛、將軍；隨著地位升高，主人便不得不還與自由人身分；此時身居顯位，且又沒有了奴隸身分，便出人頭地了。所以，對當時的突厥人來說，「要出人頭地，當奴隸去」是唯一精明的選擇，是深思熟慮後的經驗之談。

許多低下的突厥人經此途徑，果然真的「出人頭地」了，並在印度的舞台上大大活躍了一番。庫特卜─烏德─丁‧艾伯克（Qutb─ud─din─Aibak）就是其中的第一人，印度的「奴隸王朝」就是由他創建的。艾伯克在各書中的稱呼不同，有稱他「奴隸侍衛」的，還有稱他「奴隸將軍」的。這些稱呼恰恰說明了兩點：其一，表明了他的奴隸身分；其二，說明了他一生軍戎的升遷軌跡。

據印度史家的考證，艾伯克在童年時被一個商人帶到尼沙普爾，那裡的一名法官法赫爾─烏德─丁‧阿布杜勒‧阿濟茲‧庫非買了他，並讓他同自己的兒子們一起接受宗教和軍事訓練。庫非死後，他的一個兒子把艾伯克賣給一名商人，那商人把艾伯克帶到阿富汗的加茲尼，古爾王朝的穆罕默德將他買下，此後他追隨古爾的穆罕默德馬前馬後。艾伯克雖「貌不驚人」，但具有「一切可嘉的品質」，加上他「攻城掠地，戰無不勝」，深得古爾的穆罕默德器重，因此從武士到馬廄主管，到侍衛、將軍，一級級升上去。由於他在政治、軍事各方面的

表現出類拔萃，古爾的穆罕默德甚至把一名門第高貴的女子嫁給他。當古爾的穆罕默德遇刺身亡時，艾伯克已掌管了北印度的軍政大權。也就在艾伯克登上德里王位之前，他的主人——古爾的穆罕默德的侄子——不得不送來釋放證書和一副華蓋。

奴隸王朝的第二位蘇丹伊勒圖特米什（Iltutmish）也是奴隸出身。他屬於突厥斯坦的伊勒巴里部落。由於他「相貌堂堂」，一表人才，且又「品德高尚」、「才智出眾」，竟惹起同胞諸兄弟的妒忌，他們合謀將他趕出了家門。伊勒圖特米什在逆境中並沒有氣餒，反而更加發奮圖強。他將自身高價賣給庫特卜—烏德—丁·艾伯克。隨後，他憑藉功績，步步晉升，直至被任命為巴達翁的總督，並且與艾伯克的女兒結婚。由於他在對付科卡爾人的戰鬥中屢立功勳，蘇丹最終下令將他解放。一二一〇年十一月，艾伯克在玩馬球時墜馬身亡，伊勒圖特米什便即蘇丹位。一二二九年，巴格達的哈里發穆斯坦西爾·比拉授予他榮譽之袍，並冊封他為大蘇丹。伊勒圖特米什在印度人的記憶中，不僅武功蓋世，而且文治昭著。他對藝術和文學的贊助，一直為後人津津樂道。史學家西拉杰寫道：「從來沒有一個在位的君主對待學者和教士如此善良、仁慈和恭敬。」

使德里蘇丹政權最終在印度北方穩定和鞏固下來的是吉斯—烏德—丁·巴勒班（Balban），而他恰恰也是奴隸出身。巴勒班出生於突厥斯坦的著名部落伊勒巴里。青年時代被蒙古人作為俘虜，帶到巴格達。虔誠而博學的赫瓦賈·賈馬勒—烏德—丁把他從蒙古人手裡買了下來，並於一二三〇年把他帶到德里。巴勒班的才幹引起伊勒圖特米什蘇丹的注意，於是他轉為蘇丹的奴隸，成為後來著名的「四十人集團」的一員。起初，巴勒班任蘇丹的侍從，他憑藉功績和才能頻頻高升，待到

一二四六年伊勒圖特米什次子納西爾——烏德——丁·馬茂德被擁立為蘇丹時，他成為幕後執掌實權的代理人，並且把女兒也嫁給了蘇丹。他平定內亂，嚴懲亂臣，抗擊外來入侵，幾次擊退蒙古人的進攻。馬茂德蘇丹沒有子嗣，他在去世前指定才幹出眾的巴勒班為繼承人。就這樣，巴勒班在貴族和官員的默認下，登上了最高位。

順便說及，在整個奴隸王朝中，侍衛隊起著重要作用，艾伯克的上台，實際上仰仗侍衛隊的支持。侍衛隊由著名於史的「四十人集團」控制，這集團中絕大多數人都是奴隸出身，突厥人居多，還有衣索匹亞人、伊朗人等。整個集團至奴隸王朝滅亡之時一直存在，父死子繼，權勢顯赫。

看來，生逢此時此地，中亞的突厥人為求出人頭地而投身為奴，頗有點日本人當武士、中國人當儒士、印度人當僧士一般的異曲同工之妙。

如此方顯智者本色

相對來說，中國史書中有關人才考核鑑別的記載比比皆是。儘管印度文化豐富多采，但它留存於後世的大量著作都屬宗教、哲學性質，史書和傳記類著作極少。然而只要我們仔細品讀印度經典，他們鑑別人才的智慧也還是能看到的。《修行道地經》中擎鉢大臣的故事，就十分有啟迪意義。

從前有個國王要選擇一精明者為大臣，並運用權巧方便選得一人，聰明博達，威而不暴，名德具足。王故以重罪加於此人，試其膽識。敕告臣吏盛滿鉢油而使擎之，從北門來，至於南門，去城二十里，園名調戲，令將到彼。設所持油墮一滴

者，便殺其頭，不須啟問。

爾時群臣受王重教，盛滿鉢油以與其人。其人兩手擎之，甚大愁憂，則自念言：其油滿器，城裡人多，行路人多，行路車馬觀者填道……是器之油擎至七步尚不可詣，況有里數邪？

此心憂憒，心自懷怵。

其人心念，吾今定死，無復有疑也。設有擎鉢使油不墮，到彼園所，爾乃活耳。當作專計……若見是非而不轉移，唯念油鉢，志不在餘，然後度耳。

於是其人安步徐行。時諸臣兵及觀眾人無數百千，隨而視之，如雲興起，圍繞大山……眾人皆言，觀此人之形體舉動，定是死囚。斯之消息乃至其家，父母宗族皆共聞之，悉奔走來，到彼子所，號哭悲哀。其人專心，不顧二親兄弟妻子及諸親屬；心在油鉢，無他之念。時一國人普來集會，觀者擾攘，喚呼震動，馳至相逐，躄地復起，轉相登躡，間不相容。其人心端，不見眾庶。

觀者復言，有女人來，端正殊好，威儀光顏，一國無雙；如月盛滿，星中獨明；色如蓮華，行於御道……爾時其人一心擎鉢，志不動轉，亦不察觀。

觀者皆言，寧使今日見此女顏，終身不恨，勝於久存而不睹者也。彼時其人雖聞此語，專精擎鉢，不聽其言。

專當爾時，有大醉象，放逸奔走，入於御道……舌赤如血，其腹委地，口唇如垂，行步縱橫，無所省錄，人血塗體，獨游無難，進退自在，猶若國王，遙視如山，暴鳴哮吼，譬如雷聲；而擎其鼻，嗔志忿怒……恐怖觀者，令其馳散，破壞共眾，諸眾奔逝……

爾時街道市里坐肆諸買賣者皆懼，收物，蓋藏閉門，畏壞屋舍，人悉避走。

又殺象師，無有制御，瞋或轉甚，踏殺道中象馬、牛羊、豬犢之屬，碎諸車乘，星散狼藉。或有人見，懷振恐怖，不敢動援。或有稱怨，呼嗟淚卜。或有迷惑，不能覺知。有未著衣，曳之而走；復有迷誤，不識東西。或有馳走，如風吹雲，不知所至也。

彼時有人，曉化象咒……即舉大聲而誦神咒……爾時彼象聞此正教，即損自大，降伏其人，便順本道，還至象廄，不犯眾人，無所嬈害。

其擎鉢人不省象來，亦不覺還。所以者何？專心懼死，無他觀念。

爾時觀者，擾攘馳散，東西走故，城中失火，燒諸宮殿，及眾寶舍，樓閣高台，現妙巍巍，展轉連及。譬如大山，無不見者，煙皆周遍，火尚盡徹……火燒城時，諸蜂皆出，放毒刺人。觀者得痛，驚怪馳走，男女大小，面色變惡，亂頭衣解，寶飾脫落，為煙所薰，眼腫淚出，遙見火光，心懷怖懼，不知所湊，展轉相呼，父子兄弟，妻息奴婢，更相教言：「避火！離水！莫墮泥坑！」

爾時官兵悉來滅火。其人專精，一心擎鉢，一滴不墮，不覺失火及與滅去。所以者何？稟心專意，無他念故……

爾時其人擎滿鉢油，至彼園觀，一滴不墮。諸臣兵吏悉還王宮，具為王說所更眾難，而其人專心擎鉢不動，不棄一滴，得至園觀。

王聞其言，嘆曰：「此人難及，人中之雄……雖遇眾難，其心不移。如是人者，無所不辦……」其王歡喜，立為大臣！

心堅強者，志能如是，則以指爪壞雲山，以蓮華根鑽穿金，以鋸斷須彌寶山……有信精進，質其智慧，其心堅強，亦能吹山而使動搖。何況除淫怒痴也！……

從上述故事中，我們大概可看到古代印度人有關擇人標準的一些智慧。

（一）這位君主的擇人標準是任人唯賢，因為他選擇的大臣是「聰明博達，威而不暴，名德具足。」

（二）君主的擇人是慎重的，儘管被選擇者的人品已屬上乘，仍要經過考核鑑別才作定奪，因此他「故以重罪加於此人，試其膽識。」

（三）當人才經過考核，君主認徒他是「人中之雄」時，便當機立斷，「立為大臣」！由此可見，這位賢明的君主在用人方面是很有謀略的。

（四）從這被試之人來看，他不僅已通過「聰明博達，威而不暴，名德具足」的初選，而且「故加之而不驚」，通過了如此艱難的考驗。

（五）具體來說，他在擎鉢時，「志不在餘」，親人難以影響他，熱鬧的集會他視而不見；絕世美人在即，他「志不動轉，亦不察觀」；一頭醉象搞得滿城人「如風如雲，不知所至」時，他竟「不省象來，不覺其還」；即便是快要大火燒身，他也專心致志做自己的事。於是，擇才的智慧轉化為有形有體的榜樣，傳達給了大家。

最後，即便視這故事為一則寓言，印度人以如此生動的筆觸（中文當然要感謝竺法護的翻譯。竺氏世居敦煌，隨師去西域求經，後至中華，漢譯了許多印度佛經）說明引文最後一段闡明的道理，這不能不說印度人在教育方面也是充滿智慧的。

乞丐有理

據上世紀七〇年代中期統計，印度有乞丐五百萬，其中50％是有工作能力的。調查表明，北方邦的乞丐最多，其次為西孟加拉、馬哈拉施特拉和泰米爾納杜。

就印度人當乞丐的原因而言，有的出於無奈，有的出於「智慧」。如英國的機器剝奪了許多小農和小生產者，他們無以為生，被迫淪落為丐；有些殘廢者失去工作能力，加之社會福利不健全，他們也不得不以乞討為生。但另有一些人則不一樣，他們樂於為丐是思考和選擇的結果。

有些乞丐是有「經濟頭腦」的，他們認為行乞比工作更省事。孟買的一名乞丐說：「我已無家可歸，我也沒有知識，我唯一能幹的是體力活。我曾嘗試過，但你瞧我的身體不是很強壯，所以收入只及別人的 1／3 到 1／2。而我自行乞以來，收入絕不比身強力壯者差。」此時，他指著一幫汗流浹背、滿臉污垢，剛下班的碼頭工人，略帶自得地說：「你看，他們比我強到哪兒去。」

有些乞丐以他們的行業為榮，並且振振有辭地進行辯解。一名乞丐直言不諱地對一位西方記者說：「你對印度非常了解，當然知道我國篤誠的宗教信徒尤其多。你大概也聽說過施捨，越是樂善好施，其業績越大，功果也越佳。所以富人施捨積德業，而我們也不無自豪，因為是我們給了他們積業的機會。」另一名乞丐更為自己的行乞覓得一個堂而皇之的理由：「『至高絕對者』是公平的，他沒有把人分為貧富，我們窮者的財富是寄存在富人那裡，我們只是拿回了我們應得的部分。」

如果考察一下印度社會學研究者亞謝·吉肖爾的說法，上述兩乞丐的言論也許不無道理，即他們的行為或許不應遭到鄙視，而應略帶尊意來看待。「行乞始於何時，它以後如何發展，對此目前尚無確切之定論。然而，宗教門徒制和對行乞僧施捨的風氣或許是行乞的基本原因。門徒制早在《摩訶婆羅多》和《羅摩衍那》時代就已盛行。當時尊師在密林深處的茅舍向眾徒宣教，為建造茅舍，開辦宣教所以及他們的雲遊四方的活動，都需要行乞來解決生活的費用。因此，當時行乞是受到社會尊重的。」

　　還有一些落魄藝人，幾乎成了「乞丐種姓」，因為他們把乞討當成自己的傳統職業。他們帶著孩子，在街頭賣藝行乞，並且一邊教育孩子學藝，一邊教會他們如何行乞。當然，這些人也有誇示自己的方法：「我們擁有更多的自由，我們比吉卜賽人更吉卜賽人。」

　　也有一些臨時乞丐，他們以行乞為一時的權宜之計。例如，馬德拉斯來了二男二女外邦人，他們帶著滿臉的風塵僕僕，在飯店門口乞討。原來他們是熱衷旅遊者，卻苦於腰包不鼓，所以藉乞討為獲得旅行縈纏的手段。他們很開心地說：「伸手飽口福，睜眼飽眼福。」接著他們還告訴記者，這二男與二女以前並不相識，共同的志趣和手段使他們結合起來了；「並且我們還解決了另一種饑餓。」隨著「哈、哈、哈……」的笑聲，他們又飄然而去。

　　乞丐們既已投身這一行當，必然也會絞盡腦汁，想出種種行乞方法，以提高「勞動生產率」。其中有些方法是全世界的共性，有些則是印度之特產。比如弄來一些無家可歸的兒童，把他們的身體弄殘，安置街上，使人見而生憐，於是「啪、啪」硬幣落地聲不斷。還有在公共汽車站、火車站或醫院、商

店門口，總有一些人（以婦女居多）會帶著幾分羞澀，幾分央求地對你說；丈夫重病，沒錢送醫院……孩子死了，停屍家中已數日，沒錢買裹屍布……難得上城一趟，卻因錢包被竊，無力返家……甚至會有人說，他憎恨乞討，但家鄉水撈或旱災，民眾苦不聊生，出於救人心切，出於一身俠氣，他不得不幹他最痛恨的行當。

也有一些衣著整潔的文明乞丐，他們彬彬有禮地乞討，恭恭敬敬地接過施捨，客客氣氣地道謝。如果路人不願施捨，他們也絕不會胡攪蠻纏，而是退讓一邊，放人上路。這類乞丐在印度稱為「白色乞丐」，他們大多受過教育，有的出身於有錢人家，往往是為求得精神安慰而離家出走的，也有人為了逃避他不滿意的婚姻。

當然，乞丐們也因地制宜，他們絕不會放過印度有著眾多宗教虔誠信徒的有利條件。因此，乞丐往往集中在大城市，各宗教聖地和歷史名城中，尤其是在各宗教寺院門口。有些乞丐還會在得到施捨後，回敬一些供神的小物品，略表謝意。有位乞丐在回答記者的問題時說：「我也不是天天乞討，有時也給自己一些閑暇逛逛公園，看場電影也是常有的事。但每逢宗教節日，我便延長『工作』時間，因為那必定是個豐收日。」

據說，在莫臥兒王朝時期，有時會出現一種壯大的景觀。每當皇帝到京城德里的大清真寺做禮拜，清真寺的階梯上自然而然排著一列長長的乞丐，秩序井然，表情肅穆。皇帝做完禮拜返回時，他們齊聲讚頌，於是皇帝向他們布施，同時接受他們的祝福。

在印度乞丐中，一以貫之地盛傳著「乞丐成聖」的故事。據說，有個乞丐不知怎麼溜進了清真寺。他看到皇帝做禮拜時向真主攤開雙手。他恍然大悟，原來皇帝與自己是一路貨，皇

帝也要乞討。那麼他自己為什麼不可以徑直向真主乞討呢？後來這個乞丐果然成了一位偉大的蘇菲派聖人。真可謂「行行出狀元」。

匪亦有道

印度的土匪大都出沒在中北部的昌巴爾河流域，那兒享有土匪窩的美名已有近千年的歷史了。在這塊土匪王國中，地形、地勢險要，支離破碎的溝壑到處都是，加上裂谷和叢林，顯然使有機械裝備的進攻者茫然無措，而逃脫者如魚得水。這構成了盜匪的完美憩息處。另一方面，昌巴爾河流域並非印度人煙稀少的偏僻地區，那兒亦非不毛之地，物產相當豐富。這使得盜匪不必終日為籌措衣食，惶惶不安。而且，該地區距德里僅一六〇哩，距阿格拉僅四十哩，而瓜寥爾城則屹然坐落在這大約八千平方哩的土匪出沒區中間。因此，選中這塊地區為棲身處，本身就足以表明土匪的足智多謀。

當土匪其實也很不容易，時時在拿生命賭博。然而「匪亦有道」，並且至關重要；從某種意義上說，這是苟延自身的明智之道。

匪幫各有自己的勢力範圍，長期以來彼此有一種默契，越界行為很少。如有膽大妄為者敢越界行動，那麼他就得不到本幫土匪的幫助，萬一落到對方手中，則一切各自由取。有時他即便安全返回，但對方傳話來要人時，本幫也難以成為庇護所。即便他僥倖獲赦，也必須付出相當的贖價。

匪幫常常充當各自活動區域的經濟支柱。土匪們經常出高價，向村民買進食品、衣物和彈藥。例如，一瓶土製烈性酒，

集市售價約二十盧比，而土匪們可出三十盧比。一隻成年羊的價格為一百盧比左右，土匪頭為讓部下飽餐一頓，隨手甩出一五〇盧比。因此當匪幫進村時，村民們往往喜上眉梢；當某一匪幫被剿滅時，該活動區的村民便愁眉苦臉，因為他們不得不熬過一段拮据的日子，直到新匪幫重又崛起。因此，經濟槓桿決定了當地的民心背向。剿匪部隊反而常常陷於孤立，有時甚至被村民詐訛，落入絕境。

土匪們往往以「羅賓漢」式的俠氣來標榜自己。他們常常殺富濟貧和慷慨解囊，救人於苦難之際。某村民正為窩囊的老婆在十幾年前生了幾個女兒而煩惱，（印度人與某些中國人「所見略同」，他們把生出一連串女兒的「霉運」，全責怪老婆不爭氣的肚子。）因為此時她們「女大」當嫁了。恰巧一名土匪頭光臨，聽了他的倒楣故事後哈哈大笑，隨後拿出幾疊盧比，在他的頭上拍了幾下，嫁妝的須惱頓時煙消雲散。這種任意的慷慨在每一名土匪頭身上都屢見不鮮，於是他們聲譽鵲起。印度「羅賓漢」的又一俠氣是「懲奸扶良」，他們在各自的活動區域內是唯一的司法仲裁者，該罰誰的款，該打誰的屁股，有時竟斷得人們「無不拍手稱快」。有一剎帝利種姓的人家仗著有五個強壯的兒子，常常欺侮種姓稍低的一戶人家。他們在地界上常佔鄰家的便宜，否則便大打出手。終於，鄰家向土匪頭申訴苦難。於是一場司法裁決開始了。在求得眾人作證後，最後土匪法庭判決地界標挪回原處，最凶的兩個兒子各打二十下屁股，並罰這剎帝利種姓人家為鄰居打一口井。

土匪對於本種姓和宗教是既忠誠，又利用。土匪幫派常以本種姓為依託，因此對本種姓而言，他們是「可愛的人」和賴以雪仇者。匪幫在進入本種姓的村莊時昂首闊步，人們熱烈歡

迎並拜倒在他們腳下，給他們以豐盛的款待，當然同時也給自己帶來可觀的收入。所以，當地人們從來不以「達基特」（dakait，意為「盜匪」）來稱呼本種姓的土匪，而喚他們「巴基」（baghi，意為〔社會的〕「反叛者」），這顯然是「綠林好漢」的同義詞。另外，匪幫時常去活動區域內的廟宇祭拜，同時也充當寺廟的最大「施主」。他們尤其崇拜裸體、膚色黝黑，長有血盆大口的迦利女神。有的土匪乾脆以「迦利的使者」自稱，代表她在人間施張威力。據說，一名自稱「迦利的奴僕」者，親手殺死過九三一人。土匪對寺廟的祭拜和布施，以及在神的名義下行動，這無疑都為自身掙得了好名聲。

土匪們常聲稱自己不得已入夥，是為了洗雪冤屈，由此也能博得眾多同情。八〇年代初，代中期，有一名叫馬哈的匪首，由於一農民告密，幾乎喪生，他的情婦也被打死。第三天晚上，他居然在警察的嚴密防範之下，神出鬼沒地潛入告密者家，不僅殺死告密者，並且為給情婦復仇，恣意糟蹋那人的妻子和兩個女兒，最後再殺死她們。整個作案幾達三小時，最後仍然安全逃遁。據警察抱怨，匪幫們常常能在一個村莊住上幾天，尋歡作樂，卻絕少有告密者。大概嚴懲不貸的手段起到了威懾作用。

當然，維護好匪幫內部的關係也是十分重要的，「按勞分配」就是關鍵之一。匪首一般都有管帳者，此人負責把打家劫舍、綁票案的收入一一記錄在冊。按慣例，幾名頭頭分得收穫物的一半，其餘贓物按各人的參與次數及各自的槍支火力大小分配。有些下屬人員沒有自己的武器，他可以向頭頭們租借。這當然是有償的。有時也可賒帳，但在分配時必須連本帶息一起扣除。

儘管印度土匪還有許許多多規矩，但上述策略足以說明，盜匪為了保護自身，也無時無刻不在絞盡腦汁。

人世乃火宅

　　人世三界是怎樣的一番情景，而生活在這世界中的人又持怎樣的心態？如果要正面論述，且又要簡潔、生動，大概不是一件容易的事情。印度人巧妙地用一譬喻來說明。

　　胡適之十分讚賞這種聰明的做法，他在《白話文學史》中聲稱，這是「世界文字裡最美的寓言。」換言之，這大概也是最聰明的說教方法。

　　這則言簡意賅、形象生動的寓言出自《法華經》卷二譬喻品（鳩摩羅什譯），那是舍利佛與釋迦牟尼世尊一席談話中說及的故事。

　　某國有一長者，其年衰邁，財富無量，多有田宅及僮僕。其家廣大，唯有一門。多諸人群，一〇〇二〇〇，乃至五百人居住其中。堂閣朽故，牆壁潰落，柱根腐敗，樑棟傾危。周匝俱時欻然火起，焚燒舍宅，長者諸子，若十、二十，或至三十，在此宅中。

　　長者見是大火從四面起，即大驚怖，而作是念：「我雖能於此所燒之門安穩得出，而諸子等於火宅內，樂者嬉戲，不覺不怖。火來逼，苦痛切己，心不厭患，無求出意。」

　　舍利弗！是長者作是思惟：「我身手有力，當以衣裓，若以几案，從舍出之。」復更思惟：「是舍唯有一門，而復陋小。諸子幼稚，未有所識，戀著戲處，或當墮落，為火所燒。

我當為說怖畏之事。此舍已燒，宜時疾出，無令為火之所燒害。」

作是念已，如所思惟，具告諸子：「汝等速出。」父雖憐愍，善言誘諭，而諸子等樂著嬉戲，不肯信受，不驚不畏，了無出心。亦復不知何者是火，何者為舍，云何為失；但東西走戲，視父而已。

爾時長者即作是念：「舍已為大火所燒，我及諸子若不時出，必為所焚。我今當設方便，令諸子等得免斯害。」

這則寓言顯然意在說明居住在俗世三界中如同身處火宅一樣不安。如果世人真正覺悟到身居的世界如同正被火焚燒的居宅，那麼誰還肯留在火宅內咎由自取呢？正由於凡夫俗子沒有深深體會到自己所居的正是火宅，所以人們還在爭名奪利、貪戀物質，不思修行。因此，那位徹底認清俗世如火宅的長者想方設法，企圖使人們認識到貪戀物質的危險，並教導他們虔心修行，以便趕緊逃避這三界「火宅」。

「對機說法」

因人施教、因環境而施教，這是印度各宗教傳教與教化民眾的高明手法之一。以佛教為例，那就是「覺者」強調的「對機說法」。「對機說法」也稱為「方便」思想：高僧們根據對象的不同、環境的不同，可以用種種方便的手段作為說教的方法，以便弘揚教義和闡釋存在於佛教中的「價值」。

印度宗教強調信徒的「悟」，因此他們不喜歡頭頭是道地

正面闡明道理，往往以暗示或晦澀的方法闡述旨意，有時則以形體動作來喻明。

　　據漢譯佛典記載，印度有一位法力高深的佛教長老在向眾門徒授教時，只見他取來香火，面對諸佛，先燃己身，後依次燃臂、指。此後便默默持坐，更不發言。待到日西，他問眾徒此行為是何意思。其中有一聰穎之徒說：「長老意為人應滅絕根、枝、葉三種『無明』……如若有人滅此三種『無明』，便能成為菩薩。」

・對機說法

　　還有，印度民族在倫理道德教育方面也體現出「因地制宜」的明智。印度人更為興盛和更常用的教誨是有關分配方面的道德，而不是生產方面的道德。這種有選擇的強調顯然有著

主觀和客觀兩方面的原因。從主觀上說，印度民族沈溺於宗教和哲學，從來不提倡積極探索自然界，它當然不會強調生產方面的道德。從客觀上說，這種強調與地理風土切切相關。恆河平原及印度河流域是古代印度文化繁榮興盛的地區，那兒有著肥沃的土壤和酷熱多雨的氣候，所以印度人盡可以「靠天吃飯」，一年二至三次收穫富足的農產品，並且無需作出很多人為的努力。另一方面，當自然的暴虐襲來時，人為的努力便成為枉費心機。

就古代印度來說，大自然的強大力量具有壓倒性的威勢。在這種自然環境中，人幾乎完全無能為力，所有的生產不得不聽命於自然。因此人為的努力唯有在分配方面才有施展餘地。由是，倡導分配方面的道德，而非生產方面的道德，乃是印度民族有的放矢的選擇結果。

在印度最古的經典《梨俱吠陀》中，存留著約四十種「布施讚歎」之歌（dānastuti）。從中我們可到，當人們歌頌黎明之神優沙斯（Ushas）來到時，不是教導人們「黎明即起，灑掃庭除」，也不是告訴人們趕緊生產，否則「人誤地一時，地誤人一年」，而是要求人們進行「仁慈的施捨」。

我們還看到祭司、詩人讚歎王侯將自己的牛馬布施給貧民。在《奧義書》中也顯示，布施的美德在印度社會中得到公認。例如《廣林奧義書》中說，那些信奉「祖道」並實行布施者，才能夠踏上通往天國的道路。再後的佛教也常常強調出家人與沙門應行布施。佛典指明施捨的中心思想是應提供他人所需的東西，並且還教導：即使身為窮人，也應盡其所能，提供施捨。《雜阿含經》中說：「就如曠野之旅的道伴，雖然貧乏，仍行施與。這為永遠之法。」

大乘佛教認為布施是佛道修行者實踐的第一德目。耆那教

也認為施捨的道德是至關重要的。在這種觀念的教導下，印度後來的國王和富人都向貧窮人或孤獨者廣行布施。這似乎已成為一種恆久的習俗。因此我們可肯定地說，尊重施捨的倫理確實是印度道德觀的一種顯著而切合實際的特徵。

當佛教向境外擴展，在周邊各國傳教時，聖僧們更是靈活地運用了各種因地制宜的方便手段。當佛教傳到中國漢地、西藏、日本等地時，這種方便手段的運用外延極廣，內涵極豐富，本文只能列舉一二，權作「拋磚引玉」。

印度歸化僧往往以適應中國人的思想形態來弘布佛教。中國人相信「天人感應」說，戰國時期「陰陽家」就崇尚此一思想。他們認為君主行善政，自然現象便秩序井然，風調雨順。相反，如果君主暴虐，那麼自然災害便接二連三。西漢董仲舒認為天災地變是天向君主發出警告。求那跋摩到中國布教時就靈活地運用了這一點，他在對宋文帝施教時說：「帝王家四海，子萬民，一出嘉言悅士女，一布善政和人神。極刑不用，無勞役力，則風雨適時，寒暖應節，百穀滋繁，桑麻鬱茂。」

這一原則對於佛教在日本傳播時也起了很大作用。在日本，佛教弘布者把當地民間信仰的許多神說成是釋迦牟尼的「權現」（化身）。例如，德川家康就被封為東照大權現，在東照宮供奉，為幕府之神、東照神君。並且沿這一思路，執意相信「本地垂跡說」。這理論主張神道中的一些神實際上是佛陀暫時的化身。據說，日本各任天皇中不少天皇「信仰佛法，同時又崇奉神道教各神。」到日本奈良時代（七一○～七八四），神佛調和已蔚然成風。其理論是：神是喜歡佛法，擁護佛教的，但神有時就像芸芸眾生一樣，並未擺脫喜怒哀樂的苦惱，故他們也尋求解脫。另有一則傳說表明，似乎日本神也對佛教在日本立腳提供了幫助。據說空海和尚在高野山創建真言

宗寺院時，曾經祈求丹生明神，並且借助於丹生明神的神力才最後建寺成功。布教者的這類舉動，顯然使佛教與神道密切聯繫在一起了。

據有些專家認為，「對機說法」的手段使印度佛教排斥漢地佛教，從而在西藏地區紮下根，發揮了舉足輕重的作用。

七九二年在拉薩宮廷中發生了有名的「拉薩論爭」（又稱「漸頓之爭」），這一爭論導致了西藏最終接受印度佛教，驅逐了中原以「禪」為特色的佛教。印度來的佛教學者蓮花戒與漢地來的大乘和尚摩訶耶那，就佛教的中心思想展開了長達三年的爭論。大乘和尚持禪宗立場，主張惠能的「禪定頓悟」說。蓮花戒針鋒相對，闡述了漸次累積修行的必要，論證漸悟論，責難頓悟說。爭論的結果，漢地佛教敗北，西藏人採用了漸悟說。當然也有人說那是吐蕃王赤松德贊帶有傾向性干預的結果，致使蓮花戒一派成為勝者。「拉薩論爭」後，大乘和尚一行被迫離開西藏，返回中原，此後吐蕃王發令漢地的經典和修行方法禁止流傳西藏。

但以歷史的眼光看，那是因為蓮花戒採用了投合西藏人口味的傳教法。《西藏插圖經卷》及《佛教文獻》的作者杜茨（Tucci）認為，西藏人注重邏輯性，因此蓮花戒投其所好；而漢地和尚只注重具體形象，犯了西藏人之忌，因而失敗。杜茨引用了一個故事作為證明──

蓮花戒從印度到來時，大乘和尚來到河邊接戰。兩巨僧出語微妙，互相揣度對方智慧之深淺。蓮花戒彎身繞著大乘和尚轉了三圈，以此詢問三界輪迴的原因為何。為了表示輪迴的原因在客觀與主觀的對立妄想之中，大乘和尚立即脫去上衣（眾目睽睽下，袒胸露腹的直觀行為有失雅觀），並把手中的衣服

向地上猛甩兩下。儘管神態生動，但這種非合理性卻大倒西藏人的胃口。

據西方藏學家沃德爾《藏傳佛教或喇嘛教》的說法，有些傳教者為了使佛教與鄉土宗教——本教相即相融，挖空心思，欲從藏傳佛教的奠立者蓮花生上師的教導中「發現」隱藏的「啟示」，而「啟示」竟然在許多方面與本教教義相近。這還不夠，他們又「發現」了一些這類「啟示」的撰著；而且它們的「發現者」聲稱，那是蓮花生上師、甚至是蓮花生上師前世的二十五弟子的大手筆。

當然，其他一些印度佛教大師在西藏傳教時，也作出了許多投合當地民眾心願的明智之舉。例如，蓮花戒八世紀自印度赴西藏建桑耶寺院，鞏固了藏傳佛教的基礎。他沒有無視於西藏自古形成的傳統習慣，在搞桑耶寺院「落成慶祝活動」時持續了十三年。按照西藏當地的民間信仰，「13」這一數字被視為特別神聖。❶因此，蓮花戒沒有對此淡然處之。

神的和諧與人的和睦

贊成人性「本善」者總是倡導人間和睦；認為持人性「本惡」思想者大都認為人間的爾虞我詐為天經地義。但是好「和」者總比好「戰」者多。印度人也大抵如此。各民族的性善論者用什麼方法來提倡人們和睦，這絕非千篇一律。他們大

---

❶ 關於西藏人與世界許多民族的習俗相反，視「13」為神聖，也可參閱杜茨：《佛教文獻》。

都以不同的國情因勢利導。其間，不同民族的傳統智慧自然而然地顯現了。

以儒學為本的中國人大談仁、義、禮、智、信，崇尚「和為貴」、「仁者愛人」；就是墨家，也以「兼愛」、「非攻」為綱。西方人也有自己的傳統，帕特里克之所以成為聖徒，是因為他不拒艱險，高舉三葉草（象徵著聖父、聖子、聖靈三位一體），登上異教徒的疆土，苦口婆心勸誡他們以和為貴，最終化敵為友，不僅使異教徒皈依了基督教，而且盡力彌消人們彼此間的仇恨。

印度的「和為貴」者也自有他們的高招。根據本民族的特點，他們著重從宗教、思維和哲學的層面上強調人的和睦。

眾所周知，印度人是最注重宗教的民族之一。如果先讓神和睦共處，那麼人怎麼有不和諧之理呢？於是，他們想方設法，使各教的神融合起來。例如，他們在羅列毗濕奴大神先後顯現凡世的十種化身時，就把曾是相對立的佛教祖師釋迦牟尼也包括在內，即：魚、龜、野豬、半人半獅、侏儒、持斧羅摩、英雄羅摩、勇者克里希納、佛陀、迦爾吉（白馬）。在許多印度教的寺廟中，我們總能看到佛教崇拜的一些偶像赫然屹立其中；同樣，在佛教的眾多寺廟中，夜叉、夜叉女、樹精、水精等小神靈顯然是屬於婆羅門教的；有時人們還能看到吠陀中記載的神與眾佛、眾菩薩和安相居。

從思維和哲學層面上來說，印度絕大多數的宗教哲學學派都強調「一元論」，持有「萬物一體觀」的思維觀念。印度人輕視個別性和特殊性的千變萬化，重視個體和特殊體都須服從的「普遍存在」；他們把包括人在內的現象界中變化不已的諸

相一概視為「幻」，唯認為各種現象背後的「普遍存在」、才是究極的實在之源。作為這種思想的一個結果，「萬物一體觀」在絕大多數印度人心中是成立的。顯然，萬物一體觀對於宣揚眾人同出一源，不應反目為仇，而應相互和睦，打下了厚實的基礎。

翻開《奧義書》，我們發現，儘管有眾多的命名來表達「至高絕對者」，但它們都表述了一個共通的思想，即設想「唯一者」是存在的，是現象世界雜多相的根柢，所有的包羅萬象都從屬於它，由它而來，由它分化，依存於它，受它支配。《奧義書》認為，人死之後只有「歸入梵」，才能得到真正的解脫，這就是「彼已臻至於大梵也」，這樣，所有民眾都出於「唯一」，而最終又歸於「唯一」，那麼他們有什麼理由不和諧共存呢？因此，不僅聖賢舍地略（Sandilya）可宣告：「吾身蛻之後，將歸於彼（唯一者）焉。」同樣，碌碌之輩也盡可理直氣壯地說：「吾亦將歸於彼焉。」

或許我們可剖析一些語言現象，作為印度人偏好「萬物一體觀」的旁證。在梵語中，「萬物」的概念是由若干單數形式的詞標示的，如「idam sarvam」、「idam visvam」，或者用中性單數形式的指示代詞「idam」（這）。這類單數形式詞彙的使用，在印度教一脈的經典中，在佛教典籍以及印度其他教派的許多著作中都能看到。在漢語和日語中，我們用複數形式的「萬有」、「萬象」表達這一概念，這些詞指示了現象界的無限多樣相。印度人則傾向於無視現象界中的無數多樣相和差別相，而是把所有諸相都把握為直觀的一體。於是，他們表述「萬物」時便用了單數形式。由此看來，前幾年世界紅歌星們在救援非洲災民的義演時同台高吭的「天下一家」思想，在印

度民族中是歷史悠久和根深柢固的。

　　既然印度人讚賞和睦，倡導萬有一體觀，那麼他們必然斥責對抗，也自然傾向於輕視和儘量抹殺個人的價值。我們知道，與西方、中國和日本諸民族相比，印度人的個人傳記極少留下。這大概是事出有因的。再者，從倫理觀念來看，印度人常把「善惡一如」、「美醜一如」等說法掛在嘴邊。這種對立之雙方一體的思維方式，也使得個別價值被抹殺。

　　美伽斯梯尼錄下了這一思想特徵，他記載道：「照婆羅門教徒的說法，人間所發生的事象，既無所謂善、亦無所謂惡。因為如果把事物或行為的原來本性定為善或惡，那麼這就在人們中間形成差異。人們的觀念或多或少像一場夢，一件事或一個行為會令人歡樂，同一件事或同一行為也會令人苦惱。這樣就會割裂人間。那是印度人痛惡的。」

　　古代各《奧義書》也反覆表明，人類眼見的善或惡，在絕對觀念上不是這樣，兩者之間的不同僅僅是一種相對狀態。

　　印度人對宗教是那麼全身心地投入，而印度各大宗教基本上都是勸人為善。如果我們說有人巧妙地利用了二者的諧合，以此硬要顯示出智慧主題的話，那是十分牽強的；但如果說二者渾然一體的聯結毫無智慧可言，這同樣是離奇的。還是讓我們考察一下印度各教各派是怎樣運用各種說教和恰到好處的比喻來宣揚人的和睦吧！

　　佛教認為人間應該平等、和安相處，《經集》教導說：「『姓名』標示出什麼呢？在世上，『家』才是唯一的通稱。」另一部佛典《毗奈耶》用比喻的方法，述說了萬眾歸流的見解：「哦！正如那些偉大的河流一樣，當恆河、閻牟那河、亞希拉婆蒂河、薩拉龍河和馬希河流入大海時，它們便捨

棄了以前的名謂和水系。從此時起，它們都被視作大海。哦！比丘們，當四種姓──王族、祭司、庶民、隸民──出家而受如來宣告的法與律制約時，他們便捨棄了以前的種姓和關係，統稱為『沙門釋子』。」

無獨有偶，婆羅門教也以類似的比喻，寓含了同一趣意：「歸海如眾流，遂失其各色。智者名色捐，解脫於以得；超出聖神我，至上遂臻極。」（《蒙查羯奧義書》）

商羯羅是印度教的實際立教者，他在《梵經注解》中闡釋：「那羅延天是最高自我，萬物之我，他以多樣方法顯現自己。」接著他敘說，世間萬物都是這位主神的變化之物，以便他用各種面目顯露自己。因此，眾神與眾人都不過是那羅延天表現自己的偶像，彼此還有什麼可爭吵不休的呢？

哲人郁陀羅伽也教誨人們應和睦相處，不應互相排斥。他比喻說：「如蜂之釀蜜也，吾兒採集種種樹之菁華，化合此菁華為一液也，如其間彼等無由分別：『我，此樹菁華也。』『我，彼樹之菁華也。』世間一切眾生亦復如是。」

印度近代宗教運動的領袖更拓展了眼光，他們甚至認為，神的和諧與人的和睦已超越了印度國界。羅摩克里希那（Ramakrishna，一八三六～一八八六）說：「所有的宗教，雖然遵循的方法不同，最終將匯集於一神。」法國大文豪羅曼‧羅蘭在《羅摩克里希那的一生》一書中，他還說：「所有存在的宗教都是真理。」

一八九三年九月二十七日，維韋卡南達（Vivekānanda，又名辨喜，一八六三～一九〇二）在美國芝加哥召開的「國際宗教大會」上，作了聞名世界的講演。他說：「哦！『神聖的主宰』，印度教徒稱之為梵天大神，瑣羅亞斯德信徒呼之為馬自達，佛教徒謂之佛陀，希伯來人名之耶和華，基督教徒叫之

為上天之主。讓這『神聖主宰』贈與我們精神……這次大會已證明，神聖、清淨、慈悲的世界不應成為任何教會的獨占物……我堅信在不久的將來，我們將在所有宗教的旗幟上讀到如下誓言：互相幫助，絕不互相抗爭；和睦共處，絕不毀謗他人；維護和諧與和平，不作無益之爭……我贊成過去存在的那些宗教，我崇拜與他們共在的神靈。」（羅曼・羅蘭《維韋卡南達的一生》）

感人肺腑的演講，其間的智慧不隱約可見嗎？

Chapter 4
實惠人生的現世智慧

現世：無歷史的瞬間

神的世界固然令人嚮往，但與人間步伐總是難以合拍；神之來龍去脈的故事固然津津有味，但與歷史牽涉時，便會破綻百出。儘管如此，印度人還是尊崇神，貶低人，於是他們絞盡腦汁去想像神的世界，對於設身處地的實實在在之人世間卻視而不見。印度人推崇神界，貶低人世，是出於悟覺，出於幾多智慧，還是出於自然，出於無奈，各家自有爭論。但在這個問題上，筆者更相信：「世上沒有無緣無故的愛，也沒有無緣無故的恨。」

當神世界的繼往開來與人世界的歷史進程發生難以逆轉的矛盾時，印度人選擇了前者而割卻了後者。因此從這個意義上說，印度的缺乏歷史意識是他們明智選擇的結果。否則，印度的宗教也許難以有如此所向無敵的盛勢。

在印度發達的古典文化中，史學的發展極不平衡，印度人的史書奇少。即便對於倖存的寥寥無幾的史書，我們也甚至可

以斷言，幾乎每一部史書中都摻雜著大量的空想和傳說，亦即神的世界仍然充斥於字裡行間。

卡蘭納（Kalhana）的《王統譜》（Rājataraṅgiṇi）是學術界評論為印度最正宗的歷史著作之一。在這部書中，卡蘭納詳細記載了當時的社會狀況和各類人物的活動。按印度史書中的標準來看，其中的精確性是同類書不可企及的。但是，裡面的創作和想像成分仍然太多。

德國的印度問題專家奧登博格（H・Oldenberg）認為，一種詩意和感情的氣氛彌漫在整部《王統譜》中。他說：「如果我們從卡蘭納的史書中除去詩的成分，把它與當時的歷史事件相比較，人們就會發現它實質上所處的水準絕不會高於或多或少精確一些的新聞記事或者政治諷刺雜誌的一些漫畫。《王統譜》所經歷的形成過程，不是歷史的思考過程，而是詩——在印度人的觀念中有著光輝特性、也伴隨著弱點的詩——形成的過程。」（《源出古印度》）

是的，古印度的史書幾乎都是以韻文撰寫的，因為他們不滿意以日常用語來平鋪直敘。這類史書不是歷史科學的產物，更確切地說，是藝術作品。印度人在寫歷史時，總要插入神話，並且竭力加以美化，於是歷史成了理想化的產物。

印度現代史學家塔帕爾也尖銳地指責其前輩：「無視於精確的數字，無視於事件的來龍去脈，無視於有關事件發生的時間、地點等其他一些枯燥無味的細節。為了充分發揮想像力，他們用華美絢爛的文字風格，令人吃驚地誇大了數字，誇張了事實。他們的歷史著作遠遠不是寫實之作，而是幻想的產物。」（《印度古代文明》）

《大史》（Māhāvamsa）成書於錫蘭（今斯里蘭卡），被認為是南亞最詳實、最可信的歷史著作。作者摩訶男馬

（Mahānaman）生活在公元五世紀，距都叉含摩尼（Dulthagāmani）王的統治時期不太遠？但他在對島國歷史上最偉大的君主的描寫中，充滿了神話和傳奇故事。事實上，這部著作整個兒都籠罩在神祕和傳說的氛圍中。就連印度史學家馬宗達也告誡我們：「讀《大史》時，必須小心翼翼地鑑別神話與歷史事實。」（《高級印度史》）

印度人非歷史觀的特點，在佛教徒對待佛教教團的戒律方面也有所表現。釋迦牟尼圓寂之後，世態發生了一些變化，佛教徒不得不順應世間的發展，為教團制訂一些新戒律。他們要嘛含糊其辭地把新戒律包括在古來傳承的戒律中，要嘛明目張膽地借用佛陀教義的權威來標榜。他們如此肆無忌憚地進行篡改，並且毫無罪惡之感，原因大概有二：第一，他們認為凡屬真坤的戒律，本應歸功於教祖；第二，這與印度人輕視歷史意識恐怕也不無關係。

從另一角度看，印度人的歷史記載沒有劃一的紀年，不同時代和不同地區採用不同的紀年。據卡寧漢（Cunningham）統計，既度人使用的紀年多達二十種以上。這與西方一統的基督紀元相比，反差顯著。或許有人會說，印度大多數重要王朝都使用各自的年表體系，這與中國古代以帝王的年號紀年（如開元三年、咸豐五年），不是有所相似嗎？其實不然。因為中國各朝代都注重歷史，朝廷設立史官，他們幾乎錄下了皇帝的一舉一動，因此自公元前八四一年以來，在中華大地上發生的大事，基本上都年代清楚。印度則不然，印度人只重宗教，不重歷史，朝廷祭祀頻頻，卻幾乎沒有專門修史者。於是胡弄編造有之，信手拈來有之，誇大其辭有之，獨獨無人願意錄下枯燥乏味的史實。

印度第三代史學領頭人 R·塔帕爾教授關於歷史年表的一段文字，大概亦是今日世界對印度歷史年表最清晰的認識了：

　　「在確定古印度的事件年表時，問題之一是無法斷定所使用的各種紀元的準確日期。古代大多數重要王朝都使用它們各自的計數體系，這就導致了許多沒有聯繫的紀元。在這些紀元中，最為人熟悉的大概是『毗訖羅摩紀元』（the Vikrama Era，公元前五八～五七年）、『塞卡紀元』（the Shaka Era，公元七八年）和『笈多紀元』（the Gupta Era，公元三一九～三二〇年）。知悉這些紀元是根據碑銘和文獻資料。佛教資料一般從佛陀逝世之年推斷，但不幸的是對於佛陀逝世有三種可供選擇的日期——公元前五四四年、公元前四八六年和公元前四八三年。雖然較多使用的是後兩種日期中的一種，然而仍有著三年的差異。外國人的遊記在計算日期上有時能夠有所幫助，因為它們在定出年代上提供了相互參證的資料。十世紀以後，當形形色色的地區性王國採用它們各自的紀元時，紀元的混亂就變得更甚了。然而，十三世紀以來，突厥人和他們的後繼者統一使用了公元六二二年『喜志來紀元』（the Hijri Era。）的伊斯蘭紀元體系。」（《印度古代文明》）

　　那麼，關於印度人缺乏歷史意識的特性，該如何理解呢？再次引用奧登博格的看法：「……但是，難道我們沒有其他理由而只是因為他們是印度人，就應該非難他們嗎？如果印度人沒有非歷史觀的特徵，那麼他們的民族精神就不是如現在這樣的了。對於印度民族精神的形成來說，歷史價值之外其他諸因素具有決定性的力量。」（《源出古印度》）

　　其實，無論人們是否贊同奧登博格的說法，印度人的非歷史觀中確實蘊含著他們的特色智慧，至少彌消了神界與人世在時間上的矛盾。當中國人拍拍二十五史引以自豪時，印度人指

著他們堆積如山的宗教聖典，臉上也顯露出同樣的驕傲。

印度應付世事的特殊方式

「如果你確實想了解印度，那麼你必須把所有道聽途說的成見統統拋棄。為什麼你要自囿於他人的偏狹見解中呢？請不要隨便作比較。印度畢竟與眾不同，儘管有許多地方令人不滿，甚至惱怒，但它情願一如既往，我行我素。」英迪拉‧甘地夫人對於那些初來乍到，既想了解印度，又想把印度介紹給本國民眾的西方文人和記者如是說。隨後她不無啟迪地勸誡來訪者，只有借助於同情，略略帶些幽默感和充分的耐心，才能理解印度的複雜性。

甘地夫人不失睿智，因為印度自有別具一格的景觀。現代化與傳統習慣勢力扭絞在一起就是一大特色。例如，一九八二年《印度斯坦報》以「印航廁所艙」為題，報導一架蘇聯客機滿員後又硬塞進一些旅客。儘管一人的位子兩人坐，但仍有一些旅客站立不安。環境啟動了人們的聰明才智，一位注定有創造機遇的人靈機一動，在廁所裡加了一層板，居然嘎吱嘎吱坐上了六、七人。

又如，印度的尖端科學很發達，科學家用電腦彼此交流。使用過的電腦磁帶有時則放在牛車上，任由它姍姍拉走。一九八一年印度獨立日，舉行盛大慶典，有些米格—21戰鬥機在運往新德里時，由牛車拉著送上一段。

感情與制度的通融往往也因人制宜。一位西方記者不無感動地談起他的親身經歷。他是《泰晤士報》長期駐印記者。一

次，他接到父親病重的電文，匆匆離開印度，但帶著一張新近簽發的護照，上面沒有入印時的印章。機場官員毫無表情地阻止他上機，因為：「沒有入境章，說明您沒來過，當然不允許出境。」情急之下，那位記者拿出「父親病重」的電報。機場官員看到電文後，動容地蓋上出境章，歎道；「此時父親床前又怎可以沒有兒子？」

再如，人民的豐功偉績和官僚主義比肩而立。一九八二年，恆河上架起一座大橋。許多印度人為這偉業的完成，為這理想的實現，日夜辛勞，有的甚至不惜以身殉職。這確實令人肅然起敬。然而官僚主義的禍害也同時存在。報上宣布甘地夫人要親自來為大橋通車剪彩，同時向實行「天塹變通途」的建設者致敬。當甘地夫人的汽車徐徐駛來，不幸鋼架結構還未完成，橋中有一截尚未合攏。

還有許多其他反差甚大的情況。例如，印度的大學很多，出類拔萃的學者也不少，許多人在世界上是第一流的。但在農村，文盲還是大批存在。據統計，僅有 1／4 的婦女和 1／2 的男人能識文造句。印度在教育方面取得巨大的進展，這是世人有目共睹的，但到八〇年代初，文盲的數字比獨立時多了一億三千萬，這也是實實在在的。

還有，為在新德里舉行亞運會，印度計劃在盛會開幕前的四、五年裡建造諸多體育館、運動員村、星級飯店，修建道路、橋樑。後來在廣泛動員和一再鼓勵下，他們竟把這些建設壓縮到兩年內完成。看著男女老少齊上陣，頭頂、肩扛，往來穿梭的勞動大軍，其成效實令一些外國建築商目瞪口呆？當然，加快步伐的目的並非亞運會提前舉行，而是為了顯示「印度精神」。就在同一時期，人們去商店購買東西，常見一個人賣，一個人包捆出售品，另一個人收錢，再一個人開發票，最

後有一個蓋章，以示全工程的最後一道工序完成。

看來，甘地夫人對印度的實情是比較了解的，也知道西方人與東方人的評判標準各異。為了有助於西方人更了解印度，她推心置腹地作了如上指導。這或許正是她的明智之處。

「牛」概念的活用

印度教徒愛牛勝過其他一切牲畜，他們視牛為神聖，視牛為牛命，甚至不惜流血，也要保護牛。歷史上因為穆斯林屠牛而與印度教徒發生衝突的事例何止成千上萬。由於「牛」意識的根深柢固，由於對「牛」的敬愛近乎偏執狂，千百年來，印度人自然巧妙地借用「牛」的概念，來處理、解釋或陳述其他事象。這或許是印度民族的又一智慧特色。

在印度最古老的文獻《梨俱吠陀》中，一位國王名叫格帕拉（Gopala），該詞意為「牲畜的保護者」，另一位國王名叫戈巴拉曼帕拉蒂─帕拉克（Gobrahmlanprati─palak），意為「擁有牛之人的保護者」。如此這般，國王的名字顯然示意了國王的責任。

在古印度，吠陀信仰據支配地位，而吠陀信仰的核心就是祭祀。由於牛在印度人心目中的神聖性，所以祭祀活動的高潮便是祭牛和獻牛。同樣，印度人盼望至高神賞賜人類禮物，其中最珍貴的禮物就是如意神牛。這如意神牛神通廣大，能使人們的一切願望得到實現。

據認為，古代印度最珍貴的藥是「五味甘露」，這五味配方都是從牛身上得到的，即牛尿、牛糞、牛奶、奶油和酥油。

據說，此藥既能包治百病，又能使人不老長生。

　　古印度的一些習俗也和「牛」有關。如果某國不幸打了敗仗，國王不得不像牛一樣嘴裡含著一根草，慢步趨向勝利者，以示投降。大概此時以「牛」來打動對方，是一種好方法，因為牛畢竟是神聖的。戰爭本身就稱為加維西蒂（gavishti），意為「去尋找母牛」。這大概隱含著一種這樣的詞源意義：印度部落間戰爭的起因往往是因為牛的劫掠和牛的丟失。據說，古代雅利安人打敗了最強勁的當地土族後，稱呼他們為「竊牛賊」。這是最大的蔑稱。還有，雅利安貴族相互致敬時，不是像現在的握手，而是如牛一般互相聞前額。

　　古雅利安人一天的主要勞作是伺候牛，因此他們後來襲用的時間稱呼往往與飼養牛的關係密切。古雅利安人「早晨」一詞為「Svasara」，原意是「把牛放到牧場上去」。「晚上」則是「Samgava」，意為「牛群回歸」。當「Godhtli」，即「牛群走動時揚起的塵土」，則正好是黃昏時刻，因為此時牛群正在緩緩回歸的路上。

　　牛對於激發古雅利安人的詩情大概是有功勞的，因為在《梨俱吠陀》的詩句中，詩人們用了許許多多與牛有關的比喻。當他們在大草原放牧牛群，抬頭看見飄忽的雲彩時，他們把雲彩比喻成五色斑斕的奶牛群。當他們釀酒時，他們就會把索摩酒比喻成像水牛似地衝向一個個酒缸。索摩汁兌進水裡，也會被描述成一頭咆哮的公牛衝進牛群。暴風雨過後，河水猛漲，它「就像一頭發怒的公牛，吼叫著奔騰向前。」涓涓細流匯入大河，就像「母牛匆匆奔入了哞哞直叫的犢群。」當人們圍擁著戰神因陀羅，他們「就像等著吮奶的小牛犢，朝著英雄因陀羅哞哞叫喚。」

　　據有的專家考證，在「牛」為神聖的概念衝動下，詩人們

靈機一動，竟改寫了《摩訶婆羅多》。我們知道，這部偉大的史詩描寫的是俱盧人與般度人之間的一場戰爭。據說，最早流傳的故事是俱盧人在這場戰爭中獲勝，而俱盧人代表了農耕者。後來到了笈多王朝時期，婆羅門據統治地位，他們認為應該由與牛關係更密切的遊牧族般度人獲勝，這樣才能與「牛為神聖」的概念吻合。於是經過兩次大修改，終於變成了我們今日所看到的般度人獲勝的詩篇。並且這些專家得出結論，由於農耕者最終戰勝遊牧者的歷史是鐵一般的事實，因此史詩中表現出的般度人的勝利也就意義甚微，所以史詩的結局是般度兄弟感到勝利無味，很快放棄了王位，退隱到喜馬拉雅山去了，並且終身不回。可見他們對勝利毫無喜悅之感。據這些專家說，在《摩訶婆羅多》後來竄入的文句中，農耕者多次被描述成竊牛賊，他們千方百計要竊奪般度人及其同盟者的牛。再者，史詩中一再歌頌的英雄黑天則是個折不扣的牧牛人。而人力神羅摩是扶犁者，因此他總是缺乏智慧，一再上當受騙。

古印度人為了賦予牛以更高的神聖性，採用更多讓牛與婆羅門聯繫在一起的方法，使兩者的地位相得益彰。各種古代典籍千篇一律地宣揚了一種觀念，即只要牛奶或牛奶製品，尤其是酥油製成的各種食物，都是最佳和最潔淨的食品，婆羅門可以放心大嚼，絕不會受到玷污。又如，在描寫婆羅門時，他們總是被說成比其他種姓使用更多的牛奶，吃更多的奶製品；甚至在烹調中也一再提到對奶油的使用。而在婆羅門主持的各項祭儀中，獻牛儀式總是出現在最高潮。即便婆羅門的一些日常生活瑣事，作者們也時時有意把它們與牛聯繫在一起。如描寫富有的婆羅門家庭時，總少不了一提園中架設的秋千，據印度史學家普羅西特在印度歷史學第四十一屆年會上的論文說，那是有助於對《搖晃鞍轎》的回憶。

牛糞也因牛而成為神聖，這大概是印度人挖空心思後的一大高招。例如要淨化一塊地方，就得在它上面鋪撒一些牛糞，最好滴上幾許牛尿，更增添幾分肅穆。這種在其他民族看來似涉穢瀆的行為，印度人可是誠惶誠恐地崇敬著。即便今日，有些修行者仍一味虔誠地用牛糞灰塗抹全身。

給祖宗拉關係

印度淪為英國殖民地達數百年之久。受一個外來民族長期統治，這對於那些有民族自尊的印度人來說，心裡畢竟不是滋味。平衡一下心態是必要的。平衡的方法多種多樣，每一種方法又多少會閃耀出印度人的睿智。例如，認為英國人的始祖是印度移民，近代以後英國人東來，對印度進行統治，這不過是遊子回歸故鄉而已。此平衡方式大概也是極有趣味的。

一九八四年四月十五日，《印度斯坦報》就刊登了這種說法的一篇論證文章，作者是拉姆斯蘭‧夏爾瑪。文章的大意如下——

據印度南部的一位學者考證，大約二七○○～二八○○年前（公元前八○○～前九○○年），有一支操著母語為「多爾語」的印度商船隊漂流到當時渺無人跡的英倫島，於是他們在那兒定居下來，繁衍後代。隨著時代推移，他們的多爾語逐漸演變成今日的英語。到了十六世紀，正是這支商隊的後裔又一次遠征，不僅統治了祖國——印度，而且「米」字旗高高飄揚在整個世界，成了日不落帝國。這實在應令印度民族揚眉吐氣。夏爾瑪感歎地說：「這大概就是我們印度人與英國人及英

語至今關係密切的緣故。世世代代的紐帶，怎能隨便消失，血緣及其遺傳，永遠不會泯滅。」「難道不是這樣嗎？即便今日，總有一些人為了使子女能進入『英語公立學校』，即使變賣家產也在所不惜。」

接著，夏爾瑪給予了一系列論證。

首先，那支遠古商隊的出發地點是「加那勒」。儘管他們的後裔遠離故土，但他們從來沒有數典忘祖，而是仍然深深眷戀故鄉，所以當英國人開拓美洲時，他們把新發現的樂土命名為「加拿大」。因為在印地語中，「加那勒」和「加拿大」二詞的字形和讀音，都十分近似。

其次，夏爾瑪舉出了「多爾」的例子。眾所周知，「吐爾」（tool，意為工具、器械、機床等）一詞在英語中應用的範圍極廣，哲學、醫學、機械學、文學等學科中均以不同含義來使用「tool」一詞。在政治上也如此，或者領袖自訓為民眾的「工具」（tool），或者把民眾驅使為「工具」（tool）。家庭中，夫婦雙方彼此視對方為「tool」。總之，說該詞的使用最廣泛、最普遍，這大概不會有錯。而「tool」的讀音實實在在是與「多爾」幾乎相同的。看來，這最普遍一詞的創就，正是為了對母語的永久紀念。

其三，夏爾瑪認為，「印度化」影響在英國是十分普遍的。例如，英國有許多國王名叫「亨利」（Henry），亨利一世、二世……甚至可排到八世、九世。其實，「亨利」與印地語中的「哈里」、「亨里」幾乎沒有多大區別。由此看來，兩者之間那麼一點點微小的差別，只是由於時間的流逝和空間的跨度造成的。

其四，流經倫敦的「泰晤士河」（Times）是一條聞名世界的河流。如果說這是印度「德姆薩」河（德姆薩河實際上是

三條河流的總稱，一條在巴里維附近匯入恆河，一條源出阿姆爾卡達克，至阿拉哈巴德的希爾河附近流入恆河，另一支則奔向喜馬偕爾邦）名稱西移，大概不能說是風馬牛不相及，顯然「泰晤士」與「德姆薩」在印地語中讀音十分近似。

英國人與印度人在姓名上類同，這大概是又一證據。

英國人取名為克洛威爾（Crowel）的不在少數，印度人則常有克魯瓦爾。還有尼拉（Nila）、希拉（Hilla）等，與印度人的姓名同出一轍。詹姆斯（James）和喬治（George）是英國人普遍使用的姓，詹姆斯顯然是由「耶姆斯」（意為「雙生子」）一詞的變音而來，「George」一詞細嚼慢咽，可讀為「喬爾治」，印地語「情人之子」正是讀為「喬爾一治」。我們從英國一些大文豪的名字來分析，其中大概也不乏印度的因素。莎士比亞（Shakespeare）很可能是印度古代學者「薩什巴·阿雅」的名字在文藝復興時期的復活。詩人雪萊的全名是柏爾斯·比謝·雪萊（Bercy Bysshe Shelley，大概是波斯的巴爾夏希·阿里這一名字的影射。十八世紀英國浪漫主義詩人濟慈（Keats）一名的由來更是容易把握，這是完完全全的梵文字「Keats」，這詞在梵文中本意為「昆蟲」，大概到了英國以後，有人出於謙遜或者無知，起用了這一名字。

夏爾瑪還認為，即便是諸如酗酒、賭博等惡習，雅利安人與英國人也是一脈相承的。例如，在今天的英國，大街小巷，酒吧招牌比比皆是，賽馬的賭館也充斥著每一條街道。還有，在建築藝術的術語上，印、英兩種語言中有著類同的稱呼。如教堂的拱形屋頂，英語稱作「道姆」（dome），這種造型的屋頂與印度經過幾千年風風雨雨而殘存的寺廟的圓屋頂一模一樣，而印地語稱這種屋頂為「堵布德」。

儘管印度各宗教竭力倡導禁慾，但實際上印度人對於性還是樂此不疲的。只要翻閱一下《愛慾經》、《迦那卡集》、《格氏愛經》和《克朱爾拉希集》等古籍，你大概會認為上述的結論甚至在遠古就有充分的證據。因此，當《加那勒》人揚帆遠航時，他們對生殖器官就十分崇拜。（這與印度人的林伽崇拜是否有一定的聯繫呢？）他們到了英國以後，這一根深柢固的觀念仍然沒有改變。所以他們認為，生殖器的「阿克塞特」（意為「完好無損」），是生活和事業上的最大幸福和成就。再說，每一移民民族都有一種約定俗成的習慣，即每到一片新土地，他們自然會給這地方起個稱謂。當然，「阿克塞特」常常在他們的腦海中閃爍，於是「克塞特」、「薩克塞特」等地名一個個演化出來；甚至從「薩克塞特」又衍生出「薩克斯」（scx，性）一詞。夏爾瑪還認為，英格蘭東南部的一個郡名「密德塞斯」和英格蘭南海岸的郡名「蘇塞克斯」，也同出一源。

　　夏爾瑪還有一個「英雄所見略同」的證據。

　　夏氏自稱在國外出訪期間，與幾位愛爾蘭學者交談，他驚訝地發現，愛爾蘭人相信流傳了許多世紀的一種傳統看法，即他們的祖先來自印度，他們與印度人同宗同祖，是同一支雅利安人，應該稱兄道弟。愛爾蘭學者甚至說，他們的國家之所以稱作「愛爾」（Ire），其究極根柢正緣於此，因為「愛爾」是「雅利安」的輕度變音，而「蘭」（Land）意為「土地」或「國家」，合在一起不正是「雅利安之土」嗎？

　　很有趣的是，夏爾瑪的文章中有一段可說是「節外生枝」，讀起來不免令我們有牽強附會的感受。但他的說法也很有意思，不妨一起錄下，由讀者去評判吧！

夏爾瑪認為：「希臘與印度的關係非常密切和持久，而希臘的影響彌漫整個歐洲。」那麼在談到遠古印度人的遠航時，他們會不會對希臘也附帶產生影響？

　　夏爾瑪他還認為：希臘是西方世界的師表。「雅典」是希臘名城。但這詞是否有點像印地語「內拉底」的語變？在印地語中，「內拉底」意為「（牛）乳房的主人」或「牛奶之主」。牛的一切，更不用說牛奶，在印度人看來是神聖的，而西方人不正是認為「牛奶」是「學問」、「財富」和「良師」的象徵嗎？

　　蘇格拉底和柏拉圖都是古希臘的偉大學者，柏拉圖是蘇格拉底的高足。按當時希臘的習俗來講，學生是住在老師家裡的，所以柏拉圖可稱為蘇格拉底扶養的學生，而印地語「扶養的」正讀作「柏拉圖」，大概這就是柏拉圖名字的來歷。至於蘇格拉底的名字，也有自身的來歷。太陽神蘇克爾是調教眾魔鬼的老師，那麼在「師」的稱呼上，他是至高無上的。能夠當柏拉圖的老師，此在人世中大概已是「極」了，於是蘇克爾的神格之尊成了人世中師表之極者的名稱，蘇格拉底的名字由此而來。夏爾瑪提請人們注意，「蘇克爾」和「蘇格拉底」在印地語中，無論是讀音還是書寫形式，都幾乎是一樣的。

禁慾與人口

　　世界三大宗教中，最熱衷於提倡禁慾的莫過於佛教了。其實，印度其他各大宗教，如印度教、耆那教等，無一不提倡禁慾。儘管這「慾」的外延甚廣，但男女之慾也肯定在節慾之中。各宗教總是熱情褒揚節慾的倫理行為，認為誰能克服自己

的慾望，誰就值得大樹特樹。「誰是勇士？美女視線之矢不能動者。」（《問答寶鬘》）「迷妄的生存根源是渴愛（trsnā，該詞專指男女間的『渴愛』），為達解脫，必割除之。」印度教一脈的經典《薄伽梵歌》教導：「捨卻一切愛慾，沒有慾求……觀念的人，才能達到寂靜。」

　　儘管有關禁慾的教誨在印度各宗教的經典中比比皆是，但有個問題一直困惑著世人：雖然禁慾的倡導再三再四，但現實的印度卻是人口爆炸，這不能不說是一種背道而馳。如果從智的角度來觀察這一現象，從中又會有什麼啟迪呢？

　　印度的人口早已超過十億。當新的一代讀到他們的祖先如何在渺無人煙的地方隱居、沈思並創造出後代享用不盡的精神財富時，他們很難想像出當時的場景。因為他們生活在擁擠的世界裡，甚至相互的喘息都能聞到。「客滿」的牌子隨處可見，客車頂上、渡船邊沿都擠滿密密麻麻的乘客；就連殯儀館中，屍體陳放在冰塊上，也是一個個擠在一起，與活著的時候毫無兩樣。據二十世紀八〇年代初統計，印度的嬰兒死亡率為一二‧九％，平均壽命五十四歲；蒼天有眼，安排了女性比男性少二四〇〇萬的比例，否則人口增長更快。

　　那麼，禁慾與人口順理成章的關係應是如何呢？我們在西藏由強而衰的例子中，大概能悟出兩者本應有的正比例關係。藏人一度是一個強大的民族，公元八世紀，吐蕃擁有一支在東亞第一流的強悍軍隊，甚至不止一次擊敗過亞洲大帝國唐朝的軍隊。然而它漸趨衰弱，人口也銳減至不足往日的十分之一。其原因之一與藏傳佛教——喇嘛教過於興盛有關。

　　據統計，西藏當時每五人（包括婦孺在內）中就有一人是喇嘛，這比例比任何一個佛教民族都高。西藏有一些世界上最

大的寺院，其中有一座大寺院一度容納僧侶十萬以上。如此大量的青壯男子脫離經濟生產（這是人口再生產的前提），又不生育子女，文明當然衰落。雪上加霜的是宗喀行。他們先是像風吹樹枝那樣顫抖他們的頭和手，然後再跳十五分鐘無拘束的舞蹈，而後塑像般地坐思一刻鐘，最後仰臥，雙目緊閉。此時大師安坐椅上，擁一姑娘在膝，盡情撫摸和親吻。儀式結束後，男女們互相擁抱，偎依。有一男子「摟著兩個姑娘，不停地撫摸她們的屁股，向小道邊的樹林中走去……」

　　為「性」著書立說，譽為「經」，並把它上升為「藝術」，這大概是印度人的又一藝術。印度古代產生了廣為流傳的性藝術經典——《慾經》（Kama Sutra，亦譯《情論》），相傳為馬南那伽·犢子氏所著，成書於六世紀左右。書中專論男女情愛，「在論及性問題時是十分坦率的。」例如，按照《慾經》所界定的閨房裡的「騎士」風度，男子應在作愛時先引起女子興奮，使「她眼裡閃爍發光」；否則，只顧單方面的樂趣，他將因自私而遭人蔑視。

　　印度社會從古至今盛行童婚，而童婚與禁慾間的矛盾關係又是一個令人困惑的問題。因為提倡童婚，在某種意義上就是倡導盡早泄慾（同樣，盡可能長池延長生育期，人口增多也就勢所難免）。古印度經典記載：「納格尼卡」是用來稱呼適婚年齡的女子的。那麼這「納格尼卡」究竟指年齡多大的女孩子呢？聖人及聖書對此有不同解釋。「納格尼卡」一詞的本意是「光身子」。吠陀聖人馬德利特認為「納格尼卡」是指經期將要開始的女子。另一位吠陀大師認為八歲至十歲的女孩就可當「納格尼卡」。《女神論集》認為尚未開始穿衣服，還在玩耍泥土的女孩稱「納格尼卡」。《家庭經》把該詞籠統稱為未成年的女子。因此，儘管各家解釋尚有爭論，但「納格尼卡」指

女童，這一點大概是不謀而合的。

　　從現代的情況來看，儘管一九七八年印度婚姻法把女子定為年滿十八歲才許結婚，實際上習慣勢力依然如故。一九八一年四月，拉賈斯坦邦的馬瓦爾地區為多達萬名的女孩子舉行了一次大規模的集體婚禮。中央邦的維迪沙縣舉辦了有一百一十〇對孩子參加的集體婚禮，其中年齡最大的是十二歲。這真是明目張膽地對著幹，難怪出席此類婚禮的一位西方記者嘆曰：「印度也許是最『自由』的國家，自由得可以不要法律。」

　　童婚不僅僅是社會中流行的風俗習慣，一些經典也予以大肆倡導。這就更令人費解了。信徒們視教義為神聖、為絕對真理，視受崇敬的神或聖人為心悅誠服的榜樣，因此聖典中讚頌的神或人的影響之大是可想而知的，他們的一舉一動為凡夫俗子競相仿效。拉姆和悉達深受印度人讚頌，而《羅摩衍那》中說，結婚時拉姆是十三歲，悉達只有六歲。《梨俱吠陀》記載，太陽神的兩個兒子送一女子給和平之神為妻，這女子實是一名幼女。還有，《僧沃爾德錄》中說，女孩八歲結婚為最祥，如十歲還未嫁，其親屬有進地獄的厄運。《高德母宗教經》說，女孩在行經前應定下婚事，否則為罪人。《波拉希爾錄》記載，女兒行經後仍未嫁，其父母須喝掉其經血，否則厄運必至。《死神論集》說，如果把十歲以上、月經尚未開始的女兒嫁出，其父母將益享天年。

　　於是，人們不禁納悶，同樣是經典，一邊大談禁慾、一邊卻慫恿童婚——盡早泄慾。如何解釋這一矛盾現象，筆者才疏學淺，難以一說中的。但有一點是可肯定的，這些經典都是印度民族智慧的產物，如《梨俱吠陀》、《羅摩衍那》曾一度是印度人誠惶誠恐崇敬的聖典；再者，同一經典中既提倡禁慾、

又不乏鼓勵縱慾，這矛盾也顯而易見。印度宗教學者具有極強的思辨能力和邏輯推理，不會看不到立論的相互衝突。那麼，這一矛盾現象的存在是否印度哲人巧用智慧，以便使教義適用於更廣泛的人群，還是其中另有無法揣測的奧妙？

淋濕的紗麗

　　印度人提倡「貞」、「節」的勁頭絕不亞於中國人。婦女的服裝儘管材料各異，但對於肉體的包裹卻是很注意的；婦女過於袒胸露背，就會被人指指點點，認為有傷風化。即便我們看到「天衣」派耆那教徒視衣服為桎梏，提倡裸體，但我們從不曾看過介紹一位虔誠的耆那女教徒在眾目睽睽下實踐她的「以天為衣」。

　　孟買與洛杉磯有東、西世界電影城之稱。在球星、影星和歌星財源滾滾而來的年代裡，躋身孟買的寶萊塢當然是許多青年夢寐以求的。

　　這對於電影界挑選窈窕淑女，大概是不成問題的。所以那些有著魯本斯畫布上的呂西普女兒們一般身軀的女艷星爭先恐後擁來。在「貞節觀」和肉慾的左右夾擊下，導演終於設計出了大手筆，於是這些靚女們在鏡頭前的大部分生涯中，常是淋得濕灑灑的，紗麗緊貼身上，體態線條從上至下，一氣呵成，肉體從半透明的紗麗中若隱若現，處於浪漫主義大師西班牙畫家戈雅（一七四六～一八二八）筆下的《穿衣的馬哈》和《裸體的馬哈》之間。對於想當神卻又落於凡俗的印度人來說，這形體已夠味了，因為這樣的鏡頭一出現，吵吵嚷嚷的電影院就會一下子鴉雀無聲。

· 印度紗麗

　　「淋濕的紗麗」已成為近代印度色情發露的代表。幾乎在每一部電影中，導演總是挖空心思，想出種種招數，以便盡可能「在情理之中」讓標緻苗條的女明星穿上濕紗麗。

　　在一部故事片《真與邪》中，一位英姿颯爽的女英雄有著清哲純靜的美貌，另一主要角色是一名帶有粗獷野味但又不乏艷麗的女盜。兩人終於相遇。仇人相見，分外眼紅，各穿白、

青紗麗，從山崖、平地，一路打將而來，終於統統跌入河中，紗麗緊貼在身上，身軀上下翻躍，使流暢的線條充滿了動感。《假日》一片的導演正好相反，三名性格各異的女大學生，卻是一色的標緻。當她們邁步在陽光明媚的大街上時，卻不料飛流直下三千丈，把她們從頭到腳澆個痛快。原來一名園丁正手握水龍頭澆園，因出神憶想著一件美事，而使水柱直愣愣地向三個姑娘撲來，真是「意料之外，情理之中」。姑娘們瞪著水汪汪的大眼睛，嘴唇紅潤，微帶慍怒，紗麗緊貼，亭亭玉立，活脫脫三尊維納斯塑像。當然，讓姑娘們在雨中澆一番是太平常了，儘管這看似敗筆，但導演一再沿用，因為醉翁之意不在酒。如果沒有高聳的胸部和淋濕的紗麗，怎能使觀眾心甘情願地掏出幾個血汗盧比呢？

印度電影中接吻的鏡頭不多，因為電影中「親嘴還是不親嘴」的問題，在八〇年代的報刊上還是一個正在激烈爭論的問題。裸體極為罕見，攝影機鏡頭或者凝滯於赤裸的背脊，或者慢慢下滑，但快到臀部時會戛然停住。胸脯可以鼓得衣服快要開裂，但內涵絕不會蹦出。是啊！在這既要「蓋」又要「彰」的矛盾中，淋濕的紗麗也許會趨向永恆。

「崇高奉獻」

印度各教經典總是循循善誘地要人們「禁慾」、「寧靜」。例如，佛陀竭力反對出家人與女人發生關係；即便不得已，也一定要心術持正。羅伊斯・載維斯（Rhys Davids）的《佛之問題》（Dialogue of the Buddha）從原始佛典中摘引如下一段——

阿南德（門徒）問佛陀；「在關於女人的問題上，我們怎樣指導自己呢？」

「無視於她們，阿南德。」

「如果我們看到她們了，該怎麼做？」

「不與她們說話。」

「如果她們與我們說話，那我們怎麼辦？」

「保持清醒。」

然而經典的基層宣講者、貫徹執行者總是實實在在的人，人總有七情六慾，即便修道者也參差不齊，得道有先後，修煉有深淺，「上根上機」者與「下根下機」者差距十萬八千里。不知是「慾念不盡禍且又執掌主持之位的『高僧』靈機一動，還是「六根尚未除盡」的宗教儀式主持者的一時衝動，也不知是否著書立說者故留神妙之筆，總之世俗情慾類之事竟在典籍的字裡行間，也在宗教禮儀場合頻頻出現。這或許可說是一種智慧？一種隱於對神的「崇高奉獻」下發洩人慾的智慧？

《薄伽梵往世書》記載了那拉延與烏羅婆希的故事。故事說：那拉延嚴格禁慾，苦煉修行。因陀羅見他個性逐漸泯滅，便立意破壞他的修行。因陀羅讓烏羅婆希率八〇五〇名仙女進行干擾。起先，那拉延心術頗正，挫敗了烏羅婆希的淫亂意圖，僅報以鄙夷的一笑。但烏羅婆希不甘失敗，一次又一次變換著方法，對那拉延進行引誘，終於擊敗了那拉延的最後防線。於是嬉笑歡鬧的場景便有聲有色地展開了。

《摩訶婆羅多》記述了克里希那的一個故事：當所向無敵的克里希那打死了阿沙姆王那格阿修羅後，他把那格阿修羅後宮的一六一〇〇名女子統統帶回自己的內宅。後來，克里希那向因陀羅傾吐苦水，描述與如此眾多內寵相處一室後不堪負擔

的痛苦。

在印度有些塑像上，也能看到某些「崇高洩慾」的含意。如果說林伽（男性生殖器象徵）崇拜還不令人明悟，印度教濕婆和迦利女神（亦稱杜爾迦女神）的合體像似乎彰示了一切。現今印度還殘留著不少象頭神塑像，儘管它們看上去絕無卑猥之意，且象面胖乎乎的男女兩神緊緊擁抱、貼身在一起，頗有點滑稽可愛的味道。但其中的含義仍是不言自喻的。

在一些宗教儀式上，女子自覺自願地向「神」作出「崇高奉獻」的場面也屢見不鮮。

在佛教的有些密宗教派系之中，有所謂的「大修行」（Mahasādhana）儀式。一些容姿端麗，年約十二～十六歲的姑娘被挑選出來。她們一般是下層等級及舞藝人的女兒。她們的身體被看作是實施儀式的「場所」（maṇḍala），「聖徒們」設想她們身體的每一部位都存在著一名受崇拜的女神。在儀式漸入佳境時，祈禱者再三再四呼誦馬頭觀音忿怒尊像的真言：「達成蓮花終極！」（印度佛教常用「蓮花」暗喻女子的性器官，如說：「寶石落在蓮花中。」就隱喻男女交合）「達成蓮花終極！」於是，儀式進入高潮。

這祈文實際上意味著與「蓮花女」達到最高歡樂。據云，為了使場面熱烈、壯觀，在舉行「大修行」前十多天，祈禱者早早另居一室，不許與女子接觸，嚴格執行者甚至在此期間難謀任何女子一面。信徒們深悟「大修行」的「真諦」：「只有用徹底享受慾望來消滅慾望。」

十一世紀中葉至十二世紀初，印度有一位預言、念咒（尤其擅長「咒殺」，據說許多對手在他一陣極有殺傷力的咒語念出後，就會或者從馬上栽下摔死，或者飛來橫禍，甚至會被飯

食噎死。）極靈的密教「尊師」名加阿瓦，他每次有五名「瑜伽母」來供他實踐密教儀式。有一次，他在當眾布教時，與「瑜伽母」——「大樂」（據加阿瓦教義，當陰陽合體時，實踐者所能達到的一種悟境）。當他最後與一名年僅十二歲的「瑜伽母」交合時，民眾中有幾名「愚昧至極」的「下根下機」者忍不住大聲責難。是時，加阿瓦鎮定自若，慢條斯理地開導這些難以救藥的頑民：「密教聖典教導，絕不可省卻一名瑜伽母，否則法道不果。」

佛教淨土宗後來也衍生出一個專授「一念義」的宗派。他們向民眾廣泛傳播教義：凡「持信『一念義』者，皆可得救，往生淨土。」那麼這『一念義』究竟是何含義呢？他們宣稱：「所謂『一念』，即是兩人身心同一。當男女雙方合抱『大樂』時，他們應齊聲唱誦一遍『南無阿彌陀佛』，這便是『一念義』。」

還有，按《法華經》的說法，在阿彌陀佛的極樂淨土世界中，根本不存在男女之間的性關係。但這與所謂『一念義』等一些派別的情趣不甚相投，他們便改此文句為：「極樂世界不存在姦淫。」

這類場面，在當代印度也不乏其例。浦那附近有一座印度教「講經所」，每天早晨要舉行冥思儀式。有時多達千名信徒在寺院的樹下、石上、亭中、走廊裡，閉眼默坐，一動也不動，個個都如泥塑一般。但當「靜」儀式結束時，寺院中頓時沸騰，信徒們互相擁抱，「兩名婦女碰上一名男子，熱情地緊緊擁抱他，頻頻吻其雙頰，而他則用手摟住她們……」

這種非常世俗化的場景常給人以啟發：一個宗教氣氛如此濃郁的民族，畢竟也有自己特殊的方式去面對最實際的生存問

題。性慾既是人生的一部分，人總會動一切腦筋巧立名目，給予宣洩（哪怕不同的時期會有不同形式）。人們在這樣做時，不知不覺透露出某種智趣。

印度式的集體婚體

自古以來，印度存有一種陋習：新娘因為沒有一份豐厚的嫁妝，在夫家備受虐待，或自感羞慚，有時甚至被活活折磨死或自盡。這種要嫁妝的頑疾，至今在印度仍陰魂不散。

加爾各答的一位貿易商說：「為了教育我的兒子，我花費大量的錢，一直供他上到大學。再者，大學的名額有限，吃香的專業更難進，為了走後門，又得大筆花費。現在孩子成材了，物色媳婦時，要求她父親出得起一筆錢，這不僅是風氣，而且是收回投資。」這自認錚錚有聲的一番道理，仍在吞食無數無辜的婦女。一九八一年，僅首都新德里，就有五百多名婦女在家中被燒死，其中大概有三個原因：不慎失火、被投入火中、受不住折磨而自盡。然而時代畢竟在前進。四十年代，聖雄甘地曾說：「任何以嫁妝為婚姻條件的人，都是給他的教育和他的國家抹黑，是對婦女的污辱。年輕人要是被這種不義之財弄髒自己的雙手，就應被逐出社會。」六〇年代初，印度頒布《禁止嫁妝法》。但習慣勢力是可怕的，社會陋習和傳統、家族自尊和社會等級觀念仍在嫁妝問題上頑固地起著作用。所以《印度快報》評論說：「法律嚇不倒貪圖嫁妝的人。」為了掃除陋習，七〇年代的青年又聰明地進行了一次變革。於是一種既可減輕結婚雙方的財政負擔，又可保全體面的婚禮形式應時而生。這就是集體婚禮。

一天傍晚，寂靜肅穆的寺院中一下子變得熱氣騰騰，喧鬧非凡，只見一群英姿勃勃的青年，頭上裹著粉紅色的大包頭巾，身穿合身的禮服，整齊、劃一的裝束更使他們平添幾分英俊蕭灑；姑娘們頭插鮮花，身穿紗麗，手捧花束，恰似一群飄飄下凡的仙女。當男女雙方聚集到廣場上，樂隊奏出歡快的樂曲，銅號調子渾厚、深沈，小喇叭的嘟嘟聲清脆、高昂，鼓聲咚咚，震耳欲聾。若干頭大象額上飾著朱紅福點，腳上繫著錚亮的鈴鐺，在馴象人的指揮下，緩慢地走起舞步來。跳罷祝福舞，大象們向新娘、新郎屈膝點頭，頻頻行禮。大象禮畢，青年與姑娘成雙人對排列，來到一片帳篷和一堆堆熊熊燃燒的篝火邊。空氣中瀰漫著花朵的芬芳，正在燃燒的檀香木香味陣陣襲來。這時，腰纏白布、身著襯衫的司祭給每位男青年發了一條項鍊。待星占師選定的最佳時刻到來，一聲歡呼，姑娘們俯身，青年們齊刷刷地把項鍊套在她們富有魅力的脖子上。

　　這時樂器齊奏，新婚夫婦以及數以千計的親朋好友齊聲歡呼，蜂擁進入寺廟大廳，準備一享結婚宴席。人們自行排成長列，蹲在地上。他們前面的地板上放著一張張鮮嫩的樹葉，服務人員把米飯和咖哩食品分放葉子上。隨著一陣歡呼，人們食指大動，婚禮進入高潮。

　　這就是一次集體婚禮的具體寫照。

　　據報導，印度正式大張旗鼓操辦集體婚禮是在七〇年代，而後越來越多，規模也越來越大。這種婚禮形式為什麼會應時而生，並且越來越受青年們喜愛呢？

　　如上所述，這聰明的辦法解除了結婚雙方對財禮、對面子的憂患，而且巧妙地與寺廟的利益聯繫在一起，致使寺廟一開始就是熱心者，並且十分樂意主持儀式。從另一方面來說，當

· 集體婚禮

集體婚禮與宗教結合為一時，它的生命力更強盛了。且聽一位
祭司訴說的一番道理，我們大概對寺廟支持集體婚禮就絲毫不
感到奇怪了：「我廟進行施捨和為社會服務已有八百多年。我
們之所以舉辦集體婚禮，是因為人們常來廟裡借錢，以便付新
娘的身價或作婚禮費用。來者當然都是窮人，自然也還不起
錢。寺廟的傳統是施捨，而不是借貸。集體婚禮是使人擺脫借
債和不幸的一種良策。當然，結婚是如此重要，因此它必須有
一個莊重、歡快、夠氣派的場面。我們提供了，並且是免費
的。加之寺廟參予本身，就給予集體婚禮以社會地位。」

　　儘管我們從上述集體婚禮的描述中已看到其隆重性和歡樂
性，但對參加集體婚禮的新郎和新娘來說，是不花費一文錢的。寺院提供了所有的一切，並且贈給每位新娘一件紗麗和一
件罩衫，給每位新郎一塊腰布和一件襯衫；給每對夫婦及另外
兩位客人供應飯菜，有時甚至贈與金銀項鍊。

　　實際上，集體婚禮還附帶了另一益處，那就是使種姓問題

暫時擱置一邊。婆羅門與「哈里真」，以及位於兩者之間的眾多種姓和亞種姓，都走在一起，接受同樣的歡呼和寺廟的贈禮，在同一寺廟的大廳內共餐。當然，種姓區別有時也隱隱會流露出來，如在篷子下休息及圍在篝火邊時，往往是同種姓集團聚在一起。

達巴瓦拉；老婆飯菜專遞

安坐餐桌，享受妻子做的可口飯菜，這也是印度人融融家庭之一樂。儘管不是一席山珍海味，畢竟妻子最了解丈夫的口味。要是坐在辦公室裡也能吃到自己妻子特地準備的飯菜，這不僅是享受、是感情的聯絡，而且還大大地節約開支。如果許多人都有這樣的共同心願，那麼總有少數聰明人能看到這一賺錢機會；他會想出好法子來，既能遂眾人心願，自己又可大賺一票。「達巴瓦拉」就是這種有利自他的小小聰明之產物。

「達巴」（dabba）意為「飯盒」。那是一種有提手的飯盒，呈圓形，頗像中國的漆桶。「達巴瓦拉」就是「盒飯服務社」，其業務就是送午飯。這樣的服務社僅在印度幾個大城市中存在，其中尤以孟買的「達巴瓦拉」規模最大。它們盡力使十四萬左右的白領工作人員在辦公室裡吃到各自的嬌妻烹調的香噴噴午飯。

它的操作有點像郵局的工作，但又具有自己的特色。儘管印度的服務行業效率很差，但「盒飯服務社」例外，它的組織安排以及在時間觀念上，甚至令印度郵局自嘆不如。每天上午九點左右，近三千名服務社工作人員穿梭各個社區，──敲開

住宅大門，從妻子們手中接過盛著午飯的「達巴」，放在自行車車架上的兩個大筐裡，每筐大約能裝三十～四十份。事實上，絕大部分白領職員住在郊區，因此九點半左右，人們總能看到馱著盒飯的自行車從四面八方匯集到火車站。

　　每只飯盒上寫有兩個編號，即住址和工作單位地址的編號，於是工作人員在火車上把各個飯盒按到達的社區分開。一俟火車到站，幾百名送飯者和幾萬份盒飯卸下，於是車站沸騰起來，人員、飯盒穿梭往返，煞是熱鬧。但據內行人說，他們的工作是在有條不紊地進行。幾分鐘後，車站上人與飯盒形成的一只只圓圈變成了車馱、人背、頭頂的一支浩浩蕩蕩的隊伍，一直線地向車站外流去。

　　過不多久，服務員出現在各企業辦公室和政府機關。隨後，一陣陣低低的歡呼接二連三，白領職員們紛紛接過飯盒，開始細細品嘗各自妻子可愛的雙手做出的扁豆飯、酥餅、烙餅、麵條……據說很少出現「張飯李吃」的現象，「達巴瓦拉」常常以此引為驕傲。一家報紙甚至諷刺郵局，要它們以「達巴瓦拉」為楷模。

　　如果是郵遞員式的操作，此時也許已大功告成，但「達巴瓦拉」的工作實際上只進行了一半。丈夫們午餐用畢，盒飯服務員又匆匆回來，收回空盒，人與盒的洪流又奔向火車站，「一」字隊列再次形成，到了月台又回復圓圈。服務員們在火車上又忙碌一陣，按飯盒上的住址號碼再給它們編組。最後，飯盒被──送還妻子們的手中，洗刷得一乾二淨。

　　「達巴瓦拉」的生命力除了工作上的迅速、準確之外，還在於根本上的「實惠」與「經濟」。丈夫們可在辦公室吃到可口的飯菜，既能聯絡夫妻感情，又能確保自己午飯所需的分量和質量，還大大節約了開支。城裡的飯店不僅價錢貴、質量

差，而且分量不足。據估算，在飯店進午餐，一天的開銷大約九～十盧比，而「達巴瓦拉」服務一個月是三十盧比，妻子做一頓午餐的成本約三～四盧比。在這利與弊的衡量中，再加上眾人的口味和感情的砝碼，印度人的一種「智慧」（或許有人不承認這是智慧）以「達巴瓦拉」的形式具體顯現了。

絕食一招層出不窮

「絕食」似乎是印度民族的一大特色。縱觀印度歷史，從古至今的絕食記載層出不窮。窺探一下印度人的絕食觀和目的，也許會令只從狹義目的來理解「絕食」的我們大開眼界。看來，「絕食」中還存在著幾分謀略哩。

古印度人強調絕食，大都是為了宗教目的，以此來弘揚教義。佛教的《法句經》認為：「骨構成形骸，附以血肉，然後藏匿於衰老與死亡、傲慢與欺偽中。」婆羅門教的看法大抵相同，《摩奴法典》說：「『解脫』（Moksa）是『普遍自我』從骸體中的解脫。」印度另一大宗教耆那教也認為，解脫不過意味著「骸體的腐朽」。由上所述，我們看到印度歷史上的三大宗教都把軀體看作是精神的桎梏，他們極度蔑視肉體，而絕食顯然是對身體、即桎梏的摧殘，因此他們以絕食為手段，以爭取靈魂的勝利。

作為對照，中國人正好相反。中國的傳統觀念是：「身體髮膚，受諸父母，不敢毀傷，孝之始也。」（《孝經》）因此，中國人幾乎不倡導絕食。我們在古代典籍上很少發現有絕食的記載。即便有一些醫學上的禁食，那也是為了保養身體或求得早日康復，與印度酷虐身體的目的正好相反。進入近、現

代以後，中國也有一些絕食鬥爭的零星現象，但它們很可能是受了外來文化的影響。

就考驗信徒的虔誠意志而言，絕食顯然是一種好方法，因此這一行為本身被神聖化，成為通向最高精神境界的必由途徑。例如，耆那教認為人絕食而終，就能純潔地進入天國。據耆那教經典記載，孔雀王朝的開創者旃陀羅笈多一世晚年時遜位其子，成為一名苦行者。他與一些耆那聖徒一起出走南印度，並在那兒以正統的耆那教方式，安寧地慢慢餓死，了結了自己輝煌的一生。

絕食自古以來也是一種鬥爭武器。我們從印度古籍上多處得知，僧侶在反抗國王時，憑藉的就是絕食手法。據《往世書》記載，如果一位僧侶因絕食而死，其靈力將使國王受到重大的危害。該書說，有一名僧侶為一名死囚伸冤，絕食三七二十一天而死。臨死時，他對製造冤案、又絕無平反之意的國王說：「三十天後天國判官將把你押去審判。」果然，一星期後，這名國王便患病不起，以後病重一日甚一日，到三十天時竟一命嗚呼，於是靈力得到應驗。鑑於對靈力的深信不疑和心存懼慮，國王們常常不得不向僧侶的絕食反抗屈服。

絕食作為一種鬥爭武器到了聖雄甘地手裡，被巧妙地用於為政治目的服務，這又使印度傳統的絕食平添了幾分政治智慧。例如，為了消除賤民制度，甘地在三〇年代曾兩次進行絕食鬥爭。一九三二年，甘地的一次絕食是為了揭露英國殖民當局利用賤民來分裂印度民眾的陰謀，因為英國政府堅持對印度「分而治之」，提出賤民另立選區。甘地表示：「我將不惜生命，反對賤民分區選舉。如果英國政府真的如此決定，我將絕食而死。」八月十八日，甘地電告英國首相麥克唐納，就其規

定賤民分區選舉，宣告：「我將以我的生命抵制您的決定。」這令首相大吃一驚。迫於印度全國的奮起反抗，在甘地絕食三天後，英印政府不得不簽訂了《浦那公約》，作出讓步。一九三三年五月八日，甘地第二次為取消賤民制而絕食，這次是針對國大黨的內部矛盾而作出的決定。用甘地的話說：「這次絕食是誠心為我自己和我的同事滌除罪惡而為之，以求得對哈里真事業更大的警覺和注意。」

關於甘地絕食鬥爭的謀略，有人認為：一是對印度民族解放運動的參加者產生弦大的精神心理影響；二是對付英國殖民者，因為甘地在印度的影響力極大，他的舉動都會產生強烈反響，因此他的絕食必然會激起民眾更強有力的行動。所以，甘地始終把絕食作為一種鬥爭武器，在其一生中，產生很大影響的絕食達十七次之多。

隨著時代的發展，印度人也越來越從純精神趨向注重現實，「絕食」作為鬥爭的手段，也發生了一些有趣的變化。二十世紀七〇、八〇年代，絕食仍是街上的常景之一。在沿街和樹蔭下，常有一個用四根竹竿支撐起來的小帳篷，下面有人躺在平台上，身旁樹立著告示，用英語和印地語向路人宣告他們絕食，宣告絕食的原因和欲達到的目的，以及絕食開始的日期。絕食往往是針對雇主和當局的，抗議他們的剋扣、無理解雇或迫害；有的絕食鬥爭是宗教性；也有兒子針對老子的。有一次，新德里大街上出現妻子、兒女共同絕食，抗議一家之主沒有盡責任。這自然有一番轟動效應。青出於藍而勝於藍，這句話用在現代絕食者身上也是合適的。他們想出一個高招，這後來幾乎演化成印度當代「絕食」鬥爭的一大特點，那就是人們採用一種輪班絕食的方法，即參與者不是抱著必死的信念絕

食，而是輪換進餐和絕食。當然，用餐次數比往常少得多，因此人漸消瘦也是能看出來的。倒是兒子針對老子的絕食，常常是動真格的（或者是因為他沒有予進餐的地方）。

絕食的演化，實際上是絕食者更趨理智化，這一點也是明明白白的。其一，現代印度人既要發揚傳統，也要審時度勢，跟上時代步伐。絕食也一樣，參加者更注重沿承傳統的精神意義，而不是不顧一切地摧殘自己的身體。其二，現代絕食鬥爭常會召來當局和警察干預，而一旦官員們意識到絕食者絕無生命危險時，他們也就視而不見了。這樣，絕食者可以避免警察干預的麻煩，同時，鬥爭時間可以不斷延長，所造成的影響也就更大。其三，環境的變化促進了鬥爭方法的變化。當然，把握者還是人。一位絕食者坦率地說：「如果我們真的絕食搞垮了身體，老板就是增加了我們的工資，但我們畢竟還要幹活去掙得這份工資，身體垮了怎麼幹活呢？勝利也就白搭了。」

歡天喜地「迎」死亡

「愛和死是文藝創作的永恆主題。」這句話大概是放諸四海而皆準的。一探印度人由「死」而產生的智慧精品，這無論如何是頗有趣味的。

「死」是樂，是悲？這定性問題首當其衝。綜觀印度，絕大多數宗教都認為應歡天喜地迎接「死」亡。由此看來，死應是樂事。以死為樂的根本原因，大概在於印度人認為「死」是擺脫苦難的唯一途徑，因為他們大都贊同「現世苦難說」。

佛教「四諦」的第一「諦」便是「苦諦」，即人生遍布苦難。不管人們生活在何時何地，他都無法超脫苦難。「誕生是

苦難，衰老是苦難；憂悲、煩悶是苦難，侮惱、絕望是苦難；希求而不得也是苦難。總之，五『取蘊』（skandhas）是苦難。」（《法句經》）《經集》則哀嘆：「為生活在現世而悲哀。」

耆那教也強調人類現世生活的苦難不已。

《阿逾蘭伽》說——

生物折磨生物，看，
世界大恐怖，生物實在多難。
人間執著愛與慾，
無力身體自破滅。
大恐怖啊！苦難無盡頭，
四面八方，生物都在顫抖。

這部經典還說：「生存有生存之苦。看到現世的大恐怖，生物實在苦難多。」該書在另一處寫道：「好好考慮苦難吧，好好看看苦難吧！所有生物……都經歷各自的歡快、憂悶、痛苦、大恐怖和不幸。世人苦惱、悲哀、難以教育、沒有識別力。在這個世界上，他們因不同行為而充滿痛楚和苦難，並看到這些愚昧無知的人所招致的巨大痛苦。」

由「死」來制約活人，這大概是印度人的又一思想精品。輪迴理論出自於「死」，這估計大概總不會錯。十四世紀的摩提訶婆（mādhava）通曉印度各派哲學，他寫道：「整個輪迴的存在是與苦統一的，這是一切宗教開創者共同的定論。不然，他們就不會如此焦急地尋求結束苦難，以及尋求結束苦難的手段。」（《印度哲學體系面面觀》）輪迴轉生與因果報應結合在一起，在對活人的倫理教育上自有它的獨到之處。於是

死後來世果報的咒箍深深套在現世活人的頭上。

這種對活人的倫理教育實際上有著正反兩方面的作用。從正面來說，印度的佛教和耆那教等都教導信徒要行善和助人為樂。為了突出捨財布施的美德，各宗教還教導人們放棄「我的」（即「我所有」）的觀念，鼓勵一無所有的德行。從反面來說，這理論又對人的惡行有懲戒作用。因為作惡多端者，除了死時要歷盡刀山火海之外，轉生也可能成為滿身爛瘡的乞丐或被蚤虱咬食的狗。這種慘狀怎不令人發慌。從歷史上看，印度人這一「死」的倫理確實厲害，甚至曾一度鎮住過中國人。唐朝畫家吳道子的一幅《地獄變相》，描繪了地獄的陰慘恐怖，以致當時人們「多日不知肉味」，因為許多屠夫懼怕到地獄受罪而紛紛改行。

「死」的理論是「盾」又是「矛」，對於印度人抵制外來思想的侵襲是一道屏障，對印度文化的向外傳播卻又是銳利的武器。自基督教進入印度以來，已有四百多年的歷史，儘管傳教士們全力以赴，但效果甚微。雖然經過英國長達幾百年的殖民統治，加之當代東西文化的交融甚為激烈，但至今印度的基督教信徒仍只有九百萬左右，這與幾達十億之眾的印度民族來說，其比例實在是太小了。在探討這一原因時，日本學者佐野甚之助認為，重「死」而輕現世的思想是其主要原因之一：「在印度，宗教的傳教者被認為是從世俗慾望中解脫的人。從釋迦牟尼時代至今，幾乎所有印度宗教的創建都是苦行主義者，他們過著禁慾主義的嚴肅生活，渴求著從俗世解脫，往生佛界或天國。但是基督教傳教士有妻子、兒女陪伴，身居雅室，行有車、食有肉，他們的生活太世俗了，以致印度教徒認為這種與俗世無異的生活大概就是一名基督教普通成員應有的

生活。」（《印度及印度人》）因此，思想觀念上的格格不入，當然難以使人們心悅誠服地改宗了。

「死」的理論作為「矛」，對印度佛教傳入中國起了十分顯著的作用。對中國民眾急須了解的生死問題，儒家不予答案。孔子說：「未知生，焉知死。」道家沒有解決這一問題：飛升欲成仙的人不跌死，也捧得鼻青眼腫；吃仙丹的人，有些毒死了，不毒死的仍逃脫不了壽終正寢。相反，佛教提出了前世、現世、來世說，提出了查根問柢的輪迴和果報關係，並且給予了不生不滅、西方極樂世界的希望。佛教盛傳中國，正因為它正好填補了中國人思索生死問題的思想真空，慰藉了正感失望和苦悶的中國人。

印度哲學豐富多彩，其中不少思想精品理所當然應歸功於對「死」的思索。佛教和耆那教就是因為對無法規避的「死」之深刻反省而崛起。《法句經》說：「有什麼好笑，有什麼好樂，就好像人世總是在燃燒嗎？當你被黑暗籠罩時，何不尋求一盞明燈呢？」於是，人們在尋求，在探索，陷入了有關這一問題的形而上學之沈思。隨著思索的拓展，哲學的活源之水便不斷潺潺流出。

婆羅門教也是這樣。公元前四世紀末，在印度居留多年的希臘大使美伽斯蒂尼就提到當時婆羅門的這一明顯傾向。那便是他們實踐對「死」的哲學思索。美伽斯蒂尼寫道：「此時在婆羅門中間對『死』這一問題的辯論非常之多。通常（他們）把現世的人生比作母胎中胎兒的活動時期。他們認為死亡的那一時刻，才確實是真正生活的開始。他們從哲學角度，把這（真正的生活）看作幸福的最終之源。」（《斷片》）日本學者松宮觀山（一六八六～一七八〇）認為，中世紀的印度人也有這一特點。他評論說：「在印度……人老氣衰，他們喜歡佛

教幽冥之說，總是談論歸宿問題。」（《三教要論》）

　　人所共知，雕塑與建築藝術是人類智慧的精品，然而印度的雕塑與建築藝術確確實實是從「死」開始的。大多數專家認為，作為圍繞「窣堵波」四周的裝飾，印度的建築和雕塑藝術崛起了。「窣堵波」是半球形墓墩，建於聖者的遺骨或遺物上。「窣堵波」本身沒有為雕塑和建築大師提供很多發揮天才的餘地。早期的「窣堵波」規模相當小。但孔雀王朝以後，「窣堵波」的規模擴大了，形式也越趨複雜。圍繞「窣堵波」，出現了圍欄和門樓，這給予雕塑者一顯身手的機會。於是古印度絢爛的藝術出現了

　　。隨後，為了守護聖墓，為了朝拜，信徒們開始在「窣堵波」旁側建起了寺院，因此建築師有了發揮智慧的廣闊天地。於是，最精良的寺院建築藝術作為「窣堵波」的裝飾物，活潑潑地發展起來了——儘管寺院的占地面積後來遠遠超出窣堵波的面積。為什麼圍繞著窣堵波會產出如此燦爛的藝術呢？究其原因，這些墓冢裝飾的藝術與印度人視「死」為樂的思想是統一的。因此，人們在這些建築和雕塑上看不到死亡的沮喪陰影，反而感覺到明快、生動和華美的韻律。這正好反映了印度民族視死為樂的明朗闊達之心境。印度人正是通過對「死」的內心沈思，追求著永恆。林語堂先生曾在《中國和印度的智慧》中比較了中、日、印的造型藝術。他認為：印度的造型美術在窣堵波——死的標示——上集中體現出來；而中國和日本的藝術表現更偏重於佛像，如日本奈良時期的佛像和中國樂山大佛，龍門、雲崗石窟的佛像等，顯而易見，這些佛像正是活著的理想之人的生動標幟。因此，大多數印度人通過「死」的渠道來尋求人間真理，大多數中國人和日本人通過「生」的途

徑，努力表達形象化的人間真理。

立柱紀念

憑藉某種形式的物作為對某些人或事的永久紀念，這是自古以來就有的習俗，而且是各民族都採用的形式。巴黎的凱旋門、中國大陸的毛澤東紀念堂、台灣的中正紀念堂，就是最典型的例子。儘管以物紀念是全人類都有的一種智慧，但一瞥印度民族在這方面的點點滴滴，總不失為一樁樂事。

立柱作為紀念物，在印度大概是最普遍的形式。阿育王的許多石柱令後人一直感覺到這帝國之王的威赫。貝拿勒斯附近薩爾納特的阿育王石柱的柱頭永久性地成了國徽的圖案。

一八五七年至一八五九年的印度民族大起義是值得印度子孫永遠緬懷的大事。一九五七年當民族大起義百周年到來時，印度人在大起義爆發的地點、即北方邦的密拉特城修建了一根高大的石柱。石柱矗立在城中的潘沙利廣場，主體由兩部分組成：底座是平台，平台上豎立著一百呎高的白色大理石石柱。

勒克瑙是當年大起義的又一個激戰地，伯根·哈賈爾特·莫哈爾曾率領眾軍，一度趕跑了英國人。儘管捲土重來的英軍鎮壓了起義，但矗立河邊的白石柱表明，後人仍然緬懷著那榮耀的日子。

修建聖人的墓並保留下來，讓後人瞻仰，這對推崇「死」文化的印度民族來說，更是一種特色。商治的窣堵波，至今令人歎為觀止。胡馬雍陵墓、阿克巴陵墓，以及泰姬陵，遠遠超出了「墓」的範疇，其建築藝術高超、精美，成了舉世聞名的

景觀。

這一習俗一直延續到現代，拉賈卡特的當地人大概無人不曉聖雄甘地墓的坐落處。另外，一些普通的印度青年，為了印度民族的獨立，灑下滿腔熱血，儘管他們本是平民百姓，但印度人沒有忘記他們，並為他們修墓且年年憑吊。薩特利齊河畔就有這樣的一座墓，賈汗、波格特、辛格等三位青年就安息在那兒。辛格等人勇敢地向位於立法會議中心的英國殖民者扔出炸彈，宣告爭取民族獨立的決心。他們在扔出炸彈後，不是逃跑，而是自動受縛，以顯示視死如歸的決心。一九三一年五月二十三日，三位熱血青年被處死在拉合爾監獄，當局又在薩特利齊河邊祕密焚屍。於是，後人便在那兒為他們修建了永誌紀念的墓。

在比哈爾邦比哈爾城，建蓋著另一位血氣方剛但十分魯莽的愛國青年庫提拉姆·鮑斯的墓。一九〇八年，提拉克發動了一場大規模的反英、爭取獨立運動。青年們紛紛投入鬥爭。庫提拉姆·鮑斯決定刺殺當地印度人憤恨的英國殖民者甘格斯波爾德。由於鮑斯的魯莽，結果錯炸了同樣顏色的另一輛汽車，兩名倒楣的英國女人做了替死鬼。鮑斯被捕後，毫不隱諱自己原本的意圖，並對自己的魯莽過失深表自責。一九〇八年十一月，他莊重沐浴，高誦經典，泰然自若地奔赴刑場，在民眾敬意的目光和歡呼中，面不改色地走上絞刑架。

拉克什米·巴伊女王永遠是印度民族的驕傲，她與英軍浴血奮戰，最後壯烈犧牲的悲壯場面，後人仍然記憶猶新。她的墓就坐落在當年激戰廝殺的戰場瓜廖爾，距今日的火車站不遠。每年六月十八日，亦即她壯烈犧牲的周年日，密密麻麻的鮮花幾乎淹沒了墓冢。

紀念碑也是印度人緬懷和紀念往昔的寄情物。印度現代的

著名雕刻家拉耶・考底利精心鑴刻的雄偉紀念碑就矗立在比哈爾邦巴特那部長大樓前。紀念碑高達一百呎，上面再現了一九四二年獨立運動的生動場景。青年們冒著英國警察的槍林彈雨，奮不顧身地把三色旗揮上了部長大樓。這可歌可泣的一幕，使人念念不忘當時被打死的七位青年，他們的名字將與這塊紀念碑一起，不斷激勵一代又一代的印度人。

阿姆利則賈利安瓦拉公園中的紅色紀念碑，彷彿使人看到流淌的鮮血和憤怒的火焰。這兒就是世界聞名的阿姆利則慘案發生地。一九一九年四月十三日，英國戴爾將軍下令向手無寸鐵的印度群眾開槍。一陣狂掃過後，近千家庭妻離子散，幾十人成了終身殘廢。

使一些故居、舊建築神聖化，進而成為紀念地，這更使人平添幾分緬懷之情，也更具感情寄托的真實感。且不說古代留下的一些聖地，如卡萊的講經堂洞、卡米拉霍的大天廟、坦焦爾廟，以及中世紀的亞格拉珍珠清真寺、大清真寺等，就是近代以後的聖地也不勝枚舉。一八五七年民族大起義，密特拉軍營的印度士兵首先發難。在軍營附近有一座黑營廟，當年的舉事就在那兒策劃。密林加帕坦要塞今日參天大樹鬱鬱蔥蔥，但當年庫提普蘇丹在這兒與英軍進行了浴血奮戰。德里的紅堡本身就是一塊巨大的「紀念碑」，印度教徒和穆斯林曾共同擁立巴哈・杜爾沙・賈斐爾為帝。紅堡記錄了民族大起義中的戰鬥經歷。

塑像對於紀念聖人與英雄有著最佳效果。栩栩如生的表情及透過表情顯示的內在感情、氣質，無不給人親近的感覺。只要人類在延續，這些英雄與聖人便永遠活在人間。印度古代的神像、聖像，在人們的眼中大概更多的是藝術意義，但聖雄甘地的幾處塑像，可以肯定具有偉大的政治意義和紀念意義。人

們來到新德里比爾拉大廈的「甘地紀念館」，總要細細端詳這位慈父般的領袖。

　　或許加爾各答人並不都是崇拜聖雄甘地的，因為城裡的一尊甘地像在八〇年代初，曾有一段時間不得不借助於警方的保護。但加爾各答人也有自己的崇拜者。蘇巴斯·錢德拉·鮑斯（Subhas Chandra Bose，一八九七～一九四五）的塑像無疑顯現出巨大的精神價值。他是當地的英雄，為了印度民族擺脫英國人的統治，不惜在第二次世界大戰時利用德國和日本的力量，組織自由印度臨時政府，進行反英鬥爭。加爾各答人熱愛鮑斯，因為他舉起了拳頭，「像阿育王柱的獅子們捏在一起」；而且他身體力行，說得到，做得到，為把「三色旗插上紅堡」，踏踏實實地幹了起來。

　　印度人為了紀念或為了闡發自己的感情，常常還借助於其他各種手段。例如，加爾各答人把以前為紀念英國殖民者克萊武而命名的克萊武大街更名為「鮑斯大街」。列寧塑像在那兒也安然矗立，儘管以崇拜心情來瞻仰的人不多，但騷擾者也極少，大概此像的價值因時因人而變化。更有甚者，在越南戰爭時期，印度人以愛憎分明的感情，把加爾各答美國領事館所在的那條街命名為「胡志明街」。

Chapter 5
語言學問中的思維智慧

乍一看來，本章在有關印度語言與思維的探討，以及進行不同民族的語言比較時，並不直接體現出一語道明的印度智慧。但眾所周知，一個民族的語言和思維正是該民族智慧的結晶，當我們為重視具象性的中國語言和文字而自豪時，我們也確實應為印度人的智慧結晶而叫好。

當然還需說明，上述的語言、文字比較，並不是要說明印度語言、文字優於或劣於其他民族的語言、文字，而是旨在表明印度人思維有別於其他民族之思維的特殊性，因為這種特殊性恰恰說明了印度民族智慧的特殊閃光點。

印度人重視普遍性

印度人重視普遍性，這結論大概是眾口一辭的。黑格爾主張東方神具有「普遍」（das Allgemeine）的性質，「在東方宗教中主要的情形就是，只有那唯一自在的本體才是真實的，個體若與自在自為者對立，則本身既不能有任何價值，也無法獲得任何價值。只有與這個本體合而為一，它才有真正的價

值。但與本體合而為一時，個體就停止其為主體，而消逝於無意識之中了。」❶「對於有限個體的否定也是得到表現的……只有個體與實體合而為一時才能達到它的自由。」

印度文化具有一種內在的普遍性，因為它在東西方都得到廣泛的共鳴並被視為有著一種世界意義的價值。例如，馮・洪保高度讚美印度的《薄伽梵歌》是「世界上最美麗、最深奧的哲學著作」；叔本華把《奧義書》稱為「我生活與死亡的慰藉」，並在這些哲理書中找到了自己的思想源泉；凱澤林伯爵竟然以「只有菩薩精神才能拯救戰後世界的混亂」來結束他的名作《一位哲學家的旅行日記》。

當代美國哲學家查爾斯・莫里斯和約翰・杜威等人，也對印度思想的社會性內容饒有興趣，如前者把未來世界將要遵循的道路稱為「彌勒之路」。再如，印度佛教傳遍中國（包括西藏、蒙古等地喇嘛教）、朝鮮、日本及東南亞各國，這也說明佛教具有普遍性的內核。由此可見，東西方對印度思想的普遍性是認同的；它們也不約而同地證明了印度人重視普遍性的立論。

印度人有著重視普遍性的思想傾向，在他們的語言習慣中就表現為十分喜好使用抽象名詞和普遍名詞。在梵語中，抽象名詞是在詞根上附加尾綴「──tā」（陰性）或「──tva（中性）而組成，這在形式上頗同於英語的「── ty」，法語的「──tē」，拉丁語的「──tas」或德語的「tät」。但不同點在於除了學術著作和文章之外，這些歐洲語言一般很少使用抽象名詞。梵語則不然，抽象名詞甚至在日常言辭中也屢見不鮮。例如「他老了」，英語用「He becomes old」，而梵語則

---

❶ 黑格爾：《哲學史講演錄》，馮・米希勒本，第 135 ～ 136 頁。

表達為「Vṛddhatam（——tvaṁ）gacchati」，意為「他呈老態」。又如「果實變軟了」，德語為「Die frucht wird weich」，英國為「The fruit becomes soft」，梵語敘述為「phalaṁ mrdutāṁtvaṁyāti」，意為「果實呈柔軟性」。由上所見，歐洲語言用能夠具體意識到此個體屬性的詞句來表達這一個體，而梵語僅僅把這個體表達為從屬於抽象的普遍性之一例。

　　進一步說，梵語中任何名詞和形容詞在附加上「——tā」或「——tva」之後，都可變成抽象名詞；換言之，抽象名詞在梵語中可以無所限制地製造。我們知道，拉丁語等西方語儘管也能通過尾綴構成抽象名詞，但絕無如此的自由度。由此可見，印度人考察事物是何等抽象化和普遍化。

　　順便說及，印度人關於「數」概念的表達技巧，也能顯示出他們無拘無束的抽象思考。「十進位制」的發明如果還不足以令人信服的話，抽象而普遍的「零」概念由印度人創立，這絕不是偶然的。（梵語「零」稱為「sūnya」，它在漢譯佛典中常被譯為「空」。）

　　另一種有趣的語言現象也值得重視。固有名詞與普遍名詞的源與流的轉化關係，往往也能體現出不同民族的不同思維方法。歐洲近代語言常常以固定名詞轉而用為普遍性名詞。如英語「the epicures」，「Epicurus」（伊壁鳩魯）是古希臘唯物論哲學家，而西方人認為唯物思想重物，且伊氏又倡導享受，因此「the epicures」就轉意為講究飲食的人或享樂主義者，於是從固有名詞「伊壁鳩魯」，轉成了普遍名詞「美食者」或「享樂者」了。在德語中，我們能看到「die Goethe」，該詞也從偉大的浪漫主義詩人歌德，轉意成為「像歌德一樣以自我為中心的人」，或意為「具有輝煌才智的人」了。再如法語，

「Les Périclés」一詞也從開創古希臘黃金時期的伯里克利，轉意成「被誇示為具有伯里克利一樣才能的人」。與此相反，印度語言常常把一個普遍性名詞引伸為一個固有名詞，例如「buddha」意為「覺者」，本是一個普遍名詞；但「the Buddha」（佛陀）則成了釋迦牟尼佛的固有名詞。同樣，「Jina」意為「勝者」，泛指「戰勝自己情慾的人」，而「the Jina」則專一成為耆那教祖的特用稱呼。還有，王族的稱謂「ksatriya（剎帝利）來自「ksatra」一詞，該詞的原意是「支配的潛在力」，後來成為印度四種姓之一王族及武士種姓的稱呼。在這兒，抽象本質的「力」與「力」的具體體現者統一了，普遍名詞用成固定名詞了。

從歐洲語言與印度語言的比較中，我們清楚地認識到，近代歐洲人重視個體意義，他們憑藉「類型化」，即以一名特殊人物為樣板，將類似的人統統包括在內，從而將眾人歸類。這樣，一個固定名詞就被轉用為普遍名詞了。印度人正相反，他們傾向於無視於個體意義，認為個體或特殊體在本質上只不過是普遍性的具體承擔者，個體或特殊體只是憑依普遍性才具有牢固的基礎。佛陀和耆那大雄的稱謂來歷，不正好說明了這一點嗎？

印度人習慣於說「不」和「非」

屢戰屢敗的大陸足球隊，令一大票的球迷們大失所望，當選手們難得踢出一場好球時，球迷們闡發了各自的評價，有的說「精彩」，有的說「算得好波」，有的說「不錯」。顯而易見，「精彩」是予以肯定，後兩種評價也可算作有保留的肯

定。但無論如何，否定的表達「不錯」不會含有比「精彩」更積極和更肯定的意義。

粗製濫造、枯燥乏味的電視劇充斥著螢光幕，人們搖頭歎氣，卻無可奈何。情境喜劇《編輯部的故事》多少給觀眾帶來了一些新意，於是人們又各抒己見，「很好」，「好」，「不孬」。無論如何，否定表達「不孬」絕不會比「很好」有更上乘的評價。

同樣，英國人有「wonderful」（好極了）、「good」（好）、「notobad」（不壞）等諸多評價，但「not bad」絕不會比「wonderful」有更積極肯定的意義。

印度人卻不然，他們自有特殊智慧造就的特殊思維，他們不僅愛好使用否定表達，而且否定表達往往比肯定表達有更積極的意義。

從思維哲學來分析，印度人探求普遍性的志向導出了一個結果，那就是他們被引導去追求一個最終無極限或無規範的目標。一般認為，普遍性比特殊性更少受到限定，所以印度人在探索普遍性的極限時，不得不論斷它是無規範性，同時也不得不用否定態度來對待強加於普遍性的任何條條框框。於是印度文化的否定性格成立了。

既然印度文化具有否定性格，它在印度人的思維和語言、文字中一定會頑強地表現出來。印度人用「勝與不勝」（jayàjayau）替代其他語言中的「勝敗」，用「非一」（aneka）替代「許多」。這類否定語辭不僅用來表達消極含意，更常常用來表達積極含意。例如「不放逸」（apramāda）就是在表明「努力策勵（vigilanta）」。据《法句經》說，「不怠惰」、「不怨」是比「努力」、「容忍」更積極的德性，更具有實踐指導意義。

「德目」和「戒律」在印度宗教中往往是綱，是教說的精華，考察它們的用語，也許更具說服力。婆羅門教系統的瑜伽修行者必須遵守「五德目」：「不傷害」（ahimsā）、「誠實」（satya）、「不偷盜」（asteya）、「貞潔」（brahmacarya）、「無所有」（aparigraha）。其中三目（即以「a」為首的三詞）是以否定形式表達的。

　　從印度佛教來看，「不殺生」、「不偷盜」、「不邪淫」、「不妄語」等戒律大概對於中國人也是司空見慣的，因為印度佛教也曾潛移默化地影響過中國文化。佛教「說一切有部」在闡述有關「心」的「大善地法」中，也用否定形式來定規矩，如「不放逸」、「無」（anabhidhā）、「無瞋（avȳpāda）、「不害」等。

　　印度各宗教都有各自追求的統攝宇宙萬有的最高法理。因此，分別考察一下在印度歷史上發揮過重大作用的婆羅門教、佛教、印度教、耆那教對各自最高法理的定性，這大概也是很有意義的。

　　有《奧義書》智慧賢者之稱的哲學家祠皮衣是這樣給最高原理定性的，他說：「這根本的存在（Atman，字意為「我」）具有不壞性和不滅性（注意：他沒有用「永恆性」）……這『絕對者』只能通過『非』、『非』（neti、neti）來表達。」在另一段行文中，他乾脆把這「不壞者」（aksava）描述為：「非情、非細、非短、非長、非赤、非潤；無影、無暗、無風、無空、無著、無味、無臭、無眼、無耳、無語、無意、無熱力、無氣息、無口、無量、無內、無外。彼了無所食，亦無食彼者。」

　　佛教徒的思維也不出此道。他們認為，要明辨諸法實相，就需要無限的否定。龍樹選擇了其中最具代表性的「八不」，

即「不滅、不生、不斷、不常、不一義、不異義、不來、不去、靜戲論。」而《般若心經》是這樣界定的：「若是，諸法實相，無生、無滅，無垢、無淨，無增、無減，無色、無受、無想、無行、無識……無眼界、無意識界，無明、無明之盡，無老、無老死之盡，無苦、無集、無滅、無道、無智，故一無所得……無心得，由於無心礙，故無恐怖。遠離一切顛倒夢想，究竟涅槃。」

印度教實際建立者商羯羅在《梵經注解》中說：「既無滅，也無生；既沒有受縛者，也沒有勤修行者，既沒有欲解脫者，也沒有得到解脫者；這就是最高真理的境界。」

耆那教《阿逾蘭伽》也作了同樣的陳述：「（最高法理）非長、非短、非圓環、非三角形、非四角形、非球體、非黑、非青、非赤、非黃、非白、非香、非臭、非苦、非辛、非困、非酸、非甘、非粗、非柔、非重、非輕、非冷、非熱、非魯、非滑……」

印度民族喜好否定表達，並沒有到這兒止步，他們的志趣常常更進一步。他們要對否定表達本身予以否定。例如，大乘佛教用「空」否定一切，但他們還強調「空也必須被否定」，於是「空亦復空空更空」的佳句問世了，並一直傳到中國、日本。

對於其他諸多民族（尤其是西方一些民族）來說，以否定形式來表示道德準則的最高原理，這似乎多沙令人感到或者是消極的、或者缺少力度；但對於重視和偏愛否定面，追求普遍與無限的印度人來說，否定表達具有更強和更積極的意義。

印度人以謎代言

印度人偏好否定表達的形式，他們常常用否定詞彙來各抒己見，而在一些不便於直接用否定詞彙闡發見解的場合，他們也傾向於用暗示和晦澀的方法來迂迴闡述本可正面道明的觀點。作為結果之一，印度人喜好用含蓄的謎來進行表達。

《梨俱吠陀》是古代印度雅利安人部落的詩歌集，它對自然界各種現象加以神話歌頌。早先是世代口傳，歷時已達三千年以上；後人以文字錄下，現存的版本大約是公元十四世紀記述的。就在這部古老文獻中，我們常可看到一些與「謎」結合在一起的頌詩。如某一首詩敘述「秩序之輪」是以十二輻構成的，並且繞天旋轉，輪中藏有七二〇個成對的兒子。這分明是表示太陽年有十二個月，以及三六〇個白晝和三六〇個黑夜。

古代印度人有一種癖好，那就是狂賭不休。早在印度河流域文明時期（公元前二三〇〇年左右），印度人就以擲骰子作賭，這在哈拉巴遺跡的發掘中就已得到證明，因為該地有大量骰子出土。《梨俱吠陀》也以「謎」的形式，不僅描述了骰子的外形，而且還揭示了更深一層的賭場效應。

它們滾下又疾速翻身，
雖然無手，卻以手征服人；
如有魔術的炭塊擲在桌上，
它們自身雖冷，卻能燒毀人們的心。

在其餘三吠陀（《娑摩吠陀》《耶柔吠陀》、《阿闥婆吠陀》）中，這種以謎代言的現象也屢見不鮮，例如眾神往往用

神祕有趣的謎來彼此娛興。印度人甚至用謎的形式來闡述一些哲學問題。例如——

　　白鳥出水時，從不出一足，

　　如果它確實出一足，那將既無今日，亦無明日，

　　既無夜，也無晝，

　　而且曙光永不輝。

　　且不說這首謎詩本身已用了不少否定語辭，而且從整首詩來看，它是在表明下述的哲學道理：「最高實在者」通過顯現世界來表明自體，並且自體存在於現象界背後，是永不顯露、亦即永不易性的。

　　在思想鬥爭的領域中，新的、後來的思潮為了排斥原來占據支配地位的思潮以便取而代之，往往採取否定前者的方法。

　　佛教的倡立便是如此。為了與占統治地位的婆羅門教爭鬥，佛教一開始就標榜「公明」宗教的立場。《增一阿含經》中說：「哦，如來揭示了法與律，它們便放光送公明，修行僧們從不祕密履行之。」「如來之法，無存師拳。」意即如來為師，在其教說中無隱祕。然而習慣勢力是最可怕的，根深柢固的民族性可被暫時衝擊一下，但難以根本改變。佛教徒當然無法脫卻印度民族用晦澀之謎來表達思想的偏好，隨著時間推移，他們有過之而無不及，以致有的謎詩甚至達到聳人聽聞的地步。

　　例如《法句經》寫道：「殺他的父母，殺剎帝利族的二王，殺這王國及其從臣，婆羅門行無苦患。」

　　「殺他的父與母，殺婆羅門族二王，殺一虎為第五，婆羅門行無苦患。」

對於一名連殺死一條小蟲都感到罪過的佛教徒來說，要教導別人去殺他的父母等，這是萬萬不可能的。根據對這些詞的注釋，「母」意為「愛慾」，「父」意為「我慢」（即「自負」），「二王」意為「斷見」和「常見」，「王國」意為「十二處」，即構成人存在的內在六器官（眼、耳、鼻、舌、身、意）和外在六象（色、聲、香、味、觸、法），「從臣」意為「喜貪」，「虎為第五」意為「五種障礙」。直到將謎逐字注釋後，我們始能理解詩句的含意。誠然，這些注解是否闡釋清了比擬的含意，還是留有疑問的，這在佛學界尚有爭論；但在此謎的比擬中存在著某些寓意，這顯然是無可懷疑的。

靜態的思維

如何把握事象？有人主張以動態，有人傾向以靜態。印度人應屬後者。本文無意評判兩種方法孰優孰劣，只是旨在闡明印度人是如何順理成章地堅持自己的看法與實踐，從而顯示印度人思維的特色。

印度人從哲學層面上對靜態把握事象作了解釋。他們認為；一方面，世上所有具體的事物總是在變化和運動；另一方面，只要這些事物存在下去，它們的本質就會持續，並且幾乎不變。如果要更多關注事物的本質，而不是變化不已的表象，辦法之一就應以靜態來對事象進行分析和推斷。

從語言習慣來看，印度人更多使用名詞，而不是動詞，因為名詞表達事物較穩定和少變化的方面。有時他們用名詞的轉化型充任謂語。例如，「由於下雨，諸多食物便會出現。」但印度人說；「由於降雨，食物的出現（才成為可能）。」括號

裡的字是在翻梵語為漢語時，我們不得不添上的，否則就漢語習慣來說，就不成為句子了。我們把梵語錄上：「parjanyād annasambhavah」，從梵語角度來看，這是一句地道的有著條件從句的主謂結構句。又如「你將遠行」，梵語常說：「你是行者。」還有，梵語動詞不定式的使用十分受限制，並且從來不用作主語，甚至也極少用不定式賓語。這和西方各語言截然不同。究其原因，很可能是印度人沒有在事象的變化、生滅和動態上花很大的注意力。

由於印度人強調以靜態把握事態，因此他們對時間計量似乎不太在乎。印度斯坦語的同一詞彙「kal」有兩個含意，即「昨天」和「明天」；同樣，「parsōn」表示「前天」和「後天」，而「atarson」意為「大前天」和「大後天」。由於這種過去意思和將來意思的蒙混不清，這類詞意的明確判斷只能依賴前後文脈，否則混亂難以澄清。

再者，從印度古代典籍來看，如我國《春秋》、《左傳》等精確記載年代的歷史著作從未出現過。這甚至標示了印度文化的一種顯著特徵。究其原因，大概與他們不關心時間計量有很大的關係。所以印度很多哲人或走入森林，或隱於石窟，無日無夜地思索，任由無窮無盡的時間緩緩流失。這習俗也影響了中國，但除了閉門修行或隱棲山間苦修的佛教信徒外，儒學者大概不會有這份耐心，因為他們更注意現實，或者說更注意現實的動態變化。看來這習俗影響西藏人要比漢人更甚。

據一些中世紀時期遊歷西藏的旅行者記載，世界最高屋脊上存在著一種「岩窟聖者」，他們自行走入岩窟，並將自己封閉在內，只留下僅夠傳送食物的小孔。以後他就在這永久的暗無天日中，與外界絕對隔絕，進行孤獨和無言的修行。待到食物未經觸動時，人們才打開這已進入「涅槃」者的岩窟。

據說有一位聖者竟苦（樂？）熬了二十多年。（黑丁《西藏探險記》）這大概與西藏佛教盛行有關。而中原地區的佛教從未占據過主導地位。因此，藏傳佛教中受印度文化影響的少數事例與廣大漢、藏文化的鮮明反差，正好旁證了印度民族的思維特色。

還有，按照印度人的世界觀來說，一方面，宇宙或世界秩序及社會秩序是永遠存續的；另一方面，個人的生命不過是反覆留宿於無限時間中生命系列的一塊，所以最終變得毫無意義。因此，印度人設想「輪迴」觀念──即永遠迴轉的再生之輪──看似動態，實際上卻是緣出於靜態把握事象的思維方法。

當然，這種喜「靜態」在實踐中也會導致行為的極端，以致讚揚「無行動」就是理想狀態。耆那教徒高度尊重「無行為」狀態，並在聖典《阿逾蘭伽》中還揚言要「休止一切行為」。因為善惡行為一般都會產生苦樂的果報，所以他們旨在不用新「業」來掃除舊「業」堆積的塵埃。婆羅門教也視「無行為」為終極理想。佛教的訓誨雖略有不同，但達到究極境地的「寂靜」聖者，實際已達到了他修行的目的（所作已辦），因此他已無事可為了。

是的，印度人靜態探索世界的方法，與我們所接受的正統教育幾乎是格格不入的，但印度幾乎所有的宗教思想都尋求生活在自然的懷抱，以便與各自的「絕對者」直接聯繫。他們拋卻塵世，生活在密林深處，端坐樹下、石上，遠離世俗事務，寂然修道。從這意義上說，印度文明的主流不在城市，而在森林，它是密林中寂靜生活的文明。不管我們的看法如何，印度人靜態把握世界的思想，對於印度文明的繁榮，實有著不可磨滅的功勛。

不重視個體的記述

現象往往表現為個體或特殊體，即具有一定的實體性；本質則是現象實體的內在規定性。印度人的思維方法常常強調現象實體的內在規定性，避免明示被限定的實體，亦即重視隱於背景中或無法看見之事象的基本屬性，無視或漠視具體和直接的可知實體。

從文化生活的廣闊視角來看，印度人無視個體性和特殊性的思維傾向有著顯著的表現。

（一）儘管古印度人已有相當發達的自然科學和人文科學研究，在天文學、數學，以及哲學、宗教等宏觀和抽象領域中業績顯赫，但在相對具體的研究領域裡卻幾無建樹。

比如，印度人從來沒有比較詳盡的地方誌和風土誌。這與擅長注意具體和個別事物研究的中國人正好相反。自古以來，中國有關這方面的典籍不可勝數，如素負盛名的《山海經》、《水經注》等，以及更具體、更專門化的隋朝裴矩的《西域圖記》、元朝袁桶等人撰寫的《延祐四明志》等等。

印度人同樣不重視記述和評析具體事象的歷史學，因此，古印度留傳下來的歷史著作寥寥無幾，而且由於他們對個體的不重視，也絕少留下個人傳記。這與中國的情況也是截然相反。中國的史籍可謂汗牛充棟，《史記》恰恰就是以個人傳記開始的。

（二）印度的倫理書和道德訓一類著作不勝枚舉，但這些著作極少注意個人的情感或批評個人的行為。像《顏氏家訓》一類的倫理著作，在印度聞所未聞。

（三）在藝術論方面也一樣，印度的藝術和美學作品中，

儘管有大量對美之本質的思索與討論，但很少對個人作品進行細緻入微的分析，即便對古來名作也很少——剖析和評論。中國就大不一樣，注疏、闡釋、評判是中國人的看家本領，即便今日，對古代名人詩作和畫幅進行具體而個別的細細評析的著作，又何止千部、萬部。

西方也一樣，如古代西方菲洛斯特拉托斯的《畫記》（又譯《形象》），對當時的幾乎每一雕塑和繪畫作品都進行了評頭論足。

（四）這同樣的趨勢在印度的神話角色中也能看到。印度神話中的諸神缺乏個性，他們只是普遍性力量和道德的象徵。

例如，在《梨俱吠陀》中據有重要他位的因陀羅，他既是雷神，又是戰神、雨神……竟具有十多個職能。總之，他是超過雅利安人所能征服之力量的代表者。還有，古印度吠檀多派哲學家商羯羅在《梵經注解》中，也論及這位受人崇拜的神；但在該書中，「因陀羅」一詞常用作普遍名詞，意指實施同樣職能的任何一位神祇。

我們再從語言的視野進行考察。作為拼音文字，為了表示一個命題中的個體，常常有必要在這名詞前加一個冠詞。然而在無視個體的古印度人的多種語言中，幾乎都沒有冠詞。在幾處方言中，「定冠詞」和「不定冠詞」呈現出萌芽狀態，但後來卻沒有得到發展。我們試以梵語為例，由於沒有冠詞限定，梵語詞彙「偉大」（mahān）就呈現為兩種意思：作為形容詞，意為「偉大的騙」；用作名詞，則表示「大事」以及「偉大」。

鑑於印度人的思維方法更重視潛隱於特殊個體中的內在規定性，而不是個體的表面特徵性，因此他們更傾向於重視事象

的關係意義，而不是事象的本身意義。比如，「寡婦」一詞的梵語為「gatabhartrkā」，該詞由兩詞組成，即「死」（gatp）了「丈夫」（bhartr）。又如古典《政事論》在表達年幼的家庭成員的從屬地位時，常運用一個術語「hasta」，其字面含意為「手」，顯示了家主對他的支配關係。

這種重視事象關係，而不是事象本身的思維特徵，也可以在表達抽象概念的方法中看到。例如，西方人用兩個相反概念來表達各自獨立存在的抽象性。相反，印度人認為這兩個不同概念實際上是因為相互限定才成立的，所以只有通過兩者的關係，這兩個抽象概念得以演化的基底才能深察到。

試以佛教中觀派寬見人龍樹的見解為例，他說：「依存『淨』，『不淨』才存在，故以『不淨』釋『淨』，『淨』仰仗自身不可信。依存『不淨』，『淨』才存，故以『淨』釋『不淨』，『不淨』仰仗自身不可得。」由此可見，「淨」與「不淨」不是各自獨立存在的，而是依仗對立方的否定而存在，它們是相應依賴的，它們之間的關係是第一位的。

印度人在宗教和哲學上表現出非凡的智慧，這是世所公認的。那麼注意內在本質，無視於具體個物的思維方法，對印度人在宗教和哲學的探討中是否有推波助瀾的作用呢？

無際的空想

縱觀印度文學，奔放無羈的暇想或空想是它的一大特色。這種印度式的思維風格，在古代的文學著作中比比皆是。

印度人構想數字的方式就是這種空想的一個極端例子。印度人用「劫波」來表示一種極長時段的計量單位，這一「劫

波」的特久無垠，實令其他民族的人難以想像。

印度人說，一位萬壽無疆的人用一塊布每百年一次，擦一座四十平方「由旬」（約三千平方哩）的大山，直到高山磨為平川，一「劫波」尚未竭盡。或者這位無量壽者從儲藏在一座四十平方由旬的巨大倉庫中的罌粟種子堆上，每百年取一顆種子，直到種子移盡，一「劫波」仍未完結。即便這樣，印度人似乎還意猶未盡，他們說：平凡之輩要達到「悟覺」，亦即達到「佛」的境地，其修行要持續「三大阿僧祇劫」（劫這個時間單位有大中小，這裡所謂的劫為大劫）。據現代人推算，這所謂的「三大阿僧祇劫」的時間跨度竟為 $3(10^{60})$「劫波」。

這種空想性在印度歷史上具有重大影響的著作中，大概都能看到。

據《歌者奧義書》記載，人死了以後可沿循兩條路，那就是「神道」和「祖道」。

凡是入「神道」者，死後順次遵沿：火葬之焰，由焰光而入晝日，由晝日而至漸滿之半月；由漸滿之半月而入乎太陽北行的六個月，由此半年而入諸天世界：由諸天世界入太陽，進入電光，然後在一位「意識」之人引導下，到達大梵世界。在此梵界中，住於至上高遠之境，永不退轉凡世。

而沿循「祖道」者，皆入乎火葬之焰，由煙入乎夜，由夜入乎向朔之半月，由向朔之半月入乎太陽行南道之半年……入乎祖靈世界……入乎月。入乎月已，則皆仕為糧食，變為供神之食，然後據善業殘存，享受果報，再開始下降地上，依次進入虛空、煙、霧、雲、雨、土，到達地時，化為米、麥等食物，進入男子體內成為精子，再進母胎而降臨人間。

從上述的描述中，印度人不僅把太陽、月、電光等在某種

程度上占據空間的物象作為神道的階梯，而且把漸盈或漸虧的半月，太陽南行或北行的六個月等時間概念也思作神道的階梯。這實令他人不可思議。但這對印度人來說，沒有絲毫奇怪。只要他們願意，不管是時間還是空間，他們都能想象成是現實的實體。

在佛教經書中，我們也常常看到此類無視實際可能的空想性。《維摩詰經》描述神通廣大的維摩居士使「三三〇〇〇高廣弟子聚坐於他的小室中。」又如，一次，當如來佛在靈鷲山宣講《法華經》時，高五百由旬，縱橫二五〇由旬的巨型寶塔竟從地下冒出，寶塔周身鑲著鑽石，裡面安置著多寶如來全身的舍利，並且塔中還發聲對釋迦牟尼講經讚歎不已。

在佛經中，我們常能看到，印度人在形容多的程度時，常常心平氣和地道出十億百億，甚至「像恆河中的砂粒一樣多」。例如，他們在描述阿彌陀佛通體發光，無比明亮時，就認為其亮度是「樹林河產的黃金光色的百億千億倍」；在言及佛尊無比高大時，認為佛的身高是「恆河砂子數量六十億億倍的里程」。

印度教的《往世書》中講述了許多充滿空想的故事。有關黑天大神的神力，就彌漫著豐富多彩的暇思。黑天神的有些超凡特性，是一般人難以想像的。且不談他的變化神通，光他能同時照顧數萬妻妾，就足以令人歎為觀止。

對於印度文學來說，這種幻境般的奇妙空想正是它的一股活潑潑的源泉，否則印度文學又怎麼能創造出別具一格的魅力呢？它的奔放無羈、豐富多彩及南亞韻味的美感又怎麼能淋漓盡致地表達出來呢？

素有「愁斷白髮三千丈」誇張傳統的中國人，對印度民族

這般漫無邊際的空想，也感到十分驚異。胡適之先生說：「那些印度人絞起腦筋來，既不受空間的限制，又不受時間的限制，談世界何止三千大千，談天何止三十三層，談地獄何止十層十八層，一切都無邊無盡。」

胡適之還承認：「中國固有的文學很少是富於幻想力的，像印度人那種上天下地毫無拘束的幻想力，中國文學裡竟尋不出一個例（屈原、莊周都還不夠資格），長篇韻文如《孔雀東南飛》只有寫實的敘述，而沒有一點超自然或超過空間、時間的幻想。這正是中國古文學所表現的中國民族性。在這一點上，印度人幻想文學之輸入確有絕大的解放力。試看中古時代的神仙文學如列仙傳、神仙傳，何等簡單？何等拘謹？從《列仙傳》到《西遊記》、《封神榜》，這裡面才是印度的幻想文學的大影響。」（《白話文學史》）

西方人也有同感。在羅曼·羅蘭看來，印度人這種無意區別事實與理想或現實與空想的思維方法，是古已有之和根深柢固的習慣。他在《羅摩克里希那的一生》中寫道：「如果地球上有一個民族在最初的時代就珍藏著理想之夢境，並且幾千年來一直真誠篤信，孜孜以求，那麼這個民族就一定是印度民族。」

視抽象概念為實

也許是印度人太偏好抽象概念了，他們在表達一個抽象概念時，就好像它是一種具體的事象。從思維方法的角度來看，抽象性在他們的思維過程中被輕而易舉地實體化了。

換言之，印度人賦予抽象概念以擬似的實體性，同時又缺

乏體察到這種擬似性的自覺。

例如，「brahman」一詞的本意是祭司使用的「魔力咒語」，然而該詞演變成了使用魔力咒語者本身的稱呼——婆羅門，兩者的區別僅在於改變了重音的位置。在這兒，抽象概念與運用這抽象概念的具體承擔者統一了。

又如，在公元一一〇〇年黑君（Krishnamisra）所著的諷喻劇《智月的興起》（prabhoda—candrodaya）中，所有各領風騷的人物都是抽象概念或象徵形體。此劇曾譯成西文，但它絲毫引不起歐洲人的興趣。然而它在印度卻大受歡迎，被譽為「印度文學中最著名的產品之一。」（炎唐納《印度文化史》）而且許多類似的模仿劇接二連三出現，在這被理解與不被理解的問題上，印度民族思維的特殊性也許起了關鍵的作用。

何為宇宙萬物形成的基本元素，這是古今中外哲學家喋喋不休討論的課題。從這課題的討論中，我們也可以看到印度民族針對這一主題之思維方法的特性。哲學家巴鳩陀·卡薩延那（Pakudha Kaccāyana 約公元前五〇〇年）把苦、樂與地、火、水、風、靈魂聯在一起，合為「七要素」，宣稱它們為構成世上萬物永久不變的獨立要素。

中國古代哲學也探討過組成世界元素的問題，但它們大都為摸得著、看得見的東西。例如，《易經》從人們生活經常接觸的自然界中選取了八種事物，作為構成世界上其他萬物的根源。它們是天（乾☰）、地（坤☷）、雷（震☳）、火（離☲）、風（巽☴）、澤（兌☱）、水（坎☵）、山（艮☶）。其中天與地為父母，雷、火、風、澤、水、山為子女。又如《洪範》記載，構成世界最基本的物質元素是水、火、木、金、土。

我們從另一些印度哲學家的主張中，也可看出視抽象概念為實體的思維方法在他們的思想中是何等根深柢固。

拘舍梨子（Makkhai Gosālā，歿於公元前四八八年）是「正命論派」的實際開山祖，他設想得、失、生、死為四個獨立的實體原理。耆那教認為「運動條件」（dharma）與「靜止條件」（adharma）也是獨立的實體。

佛教「說一切有部」認為，佛教承認的一切之法為實有，它們恆久存在於「過去」、「現在」、「未來」三世中。

實際上這「一切之法」理應歸屬於心理作用或抽象概念。「勝論派」認為「六句義」（six padarthas）為根本原理，這所謂的「六句義」，實際上是被分成六個種類並被視為實體的抽象概念。

許多東西方學者也論述了印度民族的這一思維方法。

魯本（W. Ruben）在《印度與希臘的形而上學》（Indische und Griechishe Metaphysik）中，把「說一切有部」和「勝論派」的哲學說成「概念實在論」（Begriffsrealismus），說它們類似於中世紀歐洲哲學的「實念論」。黑格爾則把印度人的這種思想特色歸納為「智的實體性」（intellektuelle substantialität）。

日本學者也持有同樣看法。

迂直四郎是研究印度古文獻的大家，他看到《祭儀書》中多次把抽象概念與具體事物並稱，處於同一次第的位置時，便在《吠陀與〈祭儀書〉中的思想》一書中陳述這一現象：「印度人把靈力、神祕力，以及把神格而不是人格直接賦予宇宙的一些具體的構成要素（如天、地、日月、星辰、方位、地、火、水、風、氣、歲月、季節、動物、植物、礦物），賦予祭祀時必要的諸要素（器具、韻律、名謂等），賦予肉體和精神

活動的各要素（器官、機能、性質、抽象概念、數字等）；換言之，即把靈力、神祕力及神格賦予自然界和人類生活，尤其與宗教祭儀有關的一切，從不考慮它們是實體，還是抽象概念。」

不厭其「偽」

勘察印度人的典籍，人們會發現幾個有趣的現象：其一，一部典籍和該典籍的注解本往往幾乎同時問世，並且典籍和典籍注解本常常出於同一作者之手；其二，印度存在著大量偽書，並且明目張膽地簽上權威的名字。儘管中國和西方各國也產生過種種偽書，但與印度人相比，可說是望塵莫及；這不僅指偽著的數量相差懸殊，而且偽作者絕不敢在眾目睽睽下借簽權威的大名。其三，印度有許多無名氏的著作，這不是因為年代久遠，作者的名字大多佚失，而是作者根本就沒想在自己的血汗之作上署名。

印度人認為他們強調和憧憬的是超個人的「存在」，所以，如果個人的思想和行為是以「真理」和「大法」為準繩，那麼這種思想或行為就是普遍正確的。許多印度人自認他們撰寫的典籍就是以「真理」為準則的，所以它們啟示了永久真理，值得千秋萬代傳下去。為了使他人理解真理，亦即理解他們的著作中闡述的真理，注解是必不可少的。因此，他們不是在為自己的著作注解，而是進行一項崇高的作業，為「普遍真理」注解。所以對古代印度學者來說，為自己的著作編纂注解是正大光明且理直氣壯的，不必大驚小怪。

印度存在著大量聲稱是古代聖哲執筆的典籍，據考證，幾

乎所有簽署宗教權威大名的著作都是偽作。例如，大乘經典無不以「佛陀之說」為標榜，然而它們確實都是偽製品，因為無一是佛陀親手撰著的。事實上，原始佛教聖典都是在佛陀寂滅後，由信徒們編纂完成的。於是我們不禁要問，古代的佛典編纂者明明知道這不是佛陀親口所述，而且周圍的佛教徒也清楚典籍的來龍去脈，那麼他們怎麼能夠聲稱這些聖典是「佛陀之說」，怎麼能夠假冒聖名而不受良心責備呢？看來這原由只有深入探討，才能明其一二。

其一，佛教徒把立法權威專一地歸於佛陀。他們認為，「佛教教團」（亦稱「僧伽」）的規格之所以有很高的權威，是因為這些規程是以佛祖之名為標榜，以聖典、也就是以「佛陀之說」為前提的。即便在釋迦牟尼寂滅後，為滿足變化不已的社會形勢而制定的新規則，也都是佛祖教誨的延伸，因此當然應歸諸佛陀的權威。戒律文典《毗奈耶》說：「如果一種新局面呈現在『僧伽』前面，長老們不去制訂一些以前沒制定過的戒律，不去廢除一些以前已制定的戒律，眾僧怎麼能夠總是按照已失去效用的戒律來指導自己呢？但這種或增或廢的規則變化，當然都是遵沿『佛陀之說』的。」

其二，既然立法權唯佛陀所有，那麼反過來，佛陀的教導便是絕對權威。阿育王在詔敕中說：「凡佛陀所說，都是至善教義。」（《加爾各答貝拉特詔敕》）釋迦牟尼圓寂之後，佛教徒走得更遠，他們斷然認為，任何思想只要是至善和正確的，都是佛陀的教導。《增支部》中一位長老對國王講經時說：「哦，國王！凡是妥善的回答，都是世尊、尊者和正等覺者的話語，完全是我們和其他人說話的基礎。」

日本佛教學者村上專精認為：在古代的佛教徒看來，凡正確的都應該、也必然是佛陀教導的。這樣，大多數印度佛教徒

因而不關心典籍的作者是誰，他們唯一關心的是一部著作是否闡述了真理。因為佛陀是完美悟得真理者，所以任何包含了真理的著作都被設想是佛陀的教導。這樣，我們就能看到為什麼古代印度佛教徒僭稱他們自己的著作為「佛陀之說」而無罪惡之感。（《大乘佛說論批判》）日本另一位佛學者戒定（一七五〇～一八〇五）評論說：「所謂『佛陀之說』，不是釋尊親口所說的，然而，它仍是一位『覺者』的說教……『覺者』的古代信徒把自己研究所得的理解，稱為『佛陀言論』。在這種情況下，『佛教言論』味著是佛陀教導的學說。因為這是依從佛陀的意願，所以他們把自己的著作標榜為『佛陀言論』或『佛陀之說』」（《五教章帳祕錄》）

至於印度大量匿名之作出現的理由，大概與偽作的解釋基本類同。印度人解釋說，只要著作載有普遍真理，至於那是誰的思想，由誰筆錄，無關緊要，因此附上特定作者的名字，反而是畫蛇添足。有的印度人甚至嘲笑西方人，說他們拘泥於名譽，即使著書只是敘及一些雕蟲小技，也必定要署上姓名，並且不惜為此小小權利爭得面紅耳赤，甚至對簿公堂。

中國人的注解之著可謂汗牛充棟，偽書也不斷出現，但它們存在的理由與印度人的解釋則大相徑庭。

中國人的偏好注釋，大概可稱得上「癖」。但是，儘管中國湧現大量的注解著作和不可勝數的住釋者，然而幾乎沒有自己為自己的著作撰寫注解的現象。人們總是對他人的言論作注釋，其中的規律大概是對經典名人之著及權威人物的語言、文字作解。看來，虔誠篤信與對權勢頂禮膜拜或吹捧是中國人偏好注釋的眾多理由之兩種。

中國人的注釋「癖」在佛學研究上也能反映出來。試從下述一例中，觀察中國佛學注釋家如何耽溺於甚至在外人看來是

毫無意義的訓詁。《華嚴經》是佛典中的經典，全名是《大方廣佛華嚴經》，原名為「Mahā—vaipulya—buddha—avatamsaka—sūtra」，所以，實際解讀為《大—方廣—佛—華嚴—經》。中國的賢者大師法藏是公認的《華嚴經》注釋大師，他對題目的每一個字分別進行了極為詳細的判釋：「然即，大以包含為義。方以軌範為功。廣即體極用周。佛乃果圓覺滿。華譬開敷萬行。嚴喻飾茲本體。經即貫穿縫綴。能詮之教著焉。從法就人寄喻為目。故云大方廣佛華嚴經。」（《華嚴經探玄記》）

我們對這類繁瑣的解釋一定感到冗漫疲厭，但法藏的訓詁癖並沒有在這兒止步。他繼續說：「『大』有十義。」並例舉了關於「大」的十種複雜的解釋。他然後又說：「其次，吾釋『方廣』，亦十義。」並列舉了「方廣」的十種解釋。「次釋『佛』義，亦十種。」「『華嚴』十義。」「釋『經』字，亦十義。」

至於中國的偽書問題，原因甚多，本文難以詳盡。但「唯我獨尊」的思想也是眾多原因之一。試以佛教現象為例：中國人自古以來就有一種民族優越感，歷來有「中央」與「方外」、「中華」與「夷狄」之分。當佛教終於湧入中國，並顯示出一定的思想文化價值時，堅持中華第一的中國人不得不從另一角度與之抗爭。於是，道學家編纂了一些書籍，聲稱學問和真理教學本來源出於中國。

例如，西晉時編寫的《老子化胡經》中說，老子去印度，並變成釋迦牟尼，以此來教化印度人。另一書則聲稱老子是釋迦牟尼的老師。再如，東晉的道家學者也編了許多道教勝過佛教的經書，如《老子西升化胡經》、《明威化胡經》、《老子開天經》等等。中國佛教徒為了反駁，則「以其人之道還治其

人之身」，也編寫一些偽經，如《清淨法行經》中說：佛陀派遣三名高徒去中國，以教化中國人。經書進一步說：這三名高徒到了中國，儒童菩薩稱為「孔丘」，光淨菩薩稱為「顏淵」，摩訶迦葉稱為「老子」。由此看來，中國的偽書遵循的是中國人的思維方式，其宗旨在於爭傳統，爭資歷，至於教義的真理性，那是無關重要的。

又如，中國人最終不得不採用歐洲的曆法，以與當時的世界「接軌」，但仍然強辯一番，以全傳統。於是有人提出西洋曆法本源上來自中國曆法。許多人甚至鑽進古書堆，終於找出了證據。他們認為《史記·曆書》篇中寫道：許多天文曆法學者在周朝末年，為了逃避戰爭而漂泊國外，所以歐洲通行的天文曆法是這些人的後裔發展起來的。

因明：印度發達的佛教邏輯學

邏輯學素以「思考之法則」而著稱。眾所周知，因明學即印度佛教邏輯學，是一門充分顯示印度人聰明才智的學問。要詳細討論這門學問中體現的智慧，恐怕數千字亦難以概述。又由於印度文獻資料散佚過多，因明學在印度興盛發展的全貌現在已難以描述詳盡。然而，因明學自傳入中國以後，從古至今，諸多學子對其進行了孜孜不倦的研究。

本文擬就中國研究的狀況來反觀印度佛教邏輯學的概貌，這大概有助於我們了解印度智慧的這一奇葩。

儘管中國佛教研究因明學有相當的規模，翻譯了大量的因明著作，甚至由此建立了法相宗，但與印度浩瀚的因明學典籍相比，中國佛學僧僅僅譯釋了其中很少的一部分。最初是吉迦

夜漢譯的《方便心論》及真諦三藏（五四六年來華，五六九年歿）翻譯的一些著作。此外還有世親的《如實論》、《反質論》及《墮負論》；《如實論》現僅存殘片，其他兩書散佚。到唐朝時，中國對因明學有了相當規模的研究，玄奘三藏從印度歸國後，翻譯了陳那的《因明正理門論》，而後譯出商羯羅主的《因明入正理論》，奠定了中國學者研究因明學的基礎。再後，中國學者對因明學的研究有了進一步的發展，其中玄奘的高足慈恩大師窺基的《因明入正理論疏》在中國和日本被仰敬為因明學研究的最高權威，是兩國學者研究因明學的唯一權威基準。自此以後，已知的有關因明學的主要著書大約有三十種，其中大部分已佚。從篇名來看，主要是注、釋、疏等一類著作。

在因明學引入中國的簡史中，我們能觀察到一些現象。

首先，中國學者僅僅漢譯了寥寥無幾的印度因明學典籍，但在中國已興起了不小的研究規模。可想而知，印度各朝君主或主持、或贊助的法會不斷，各大寺院「議論」連連，在各次法會和「議論」中，因明學都是主要的討論主題或討論手段，可見印度當時因明研究的興盛。作為旁證，我們在德格版的藏文《大藏經》中看到翻譯了大量的因明學著作，有人統計：至少六十六部，而且許多是多卷本。但根據藏學家斯徹巴特斯基（Stcherbatsky）的有關專著《因明學》（Buddhist Logic）來看，這也只能算是九牛一毛。當時印度研究因明學的盛況，由此可見一斑。

其次，漢譯的因明學著作僅是印度邏輯學著作中最簡單的幾種，那些系統敘述整個邏輯學說的多卷本巨著一本也沒有被漢譯。因此，日本一些佛教研究大家，如宇井伯壽《印度哲學研究》、常盤大定《中國佛教研究》、村上專精《佛教論理

學》等，都認為中國人只譯出了印度因明學的一些「教科手冊或綱要書」，「僅獲得最低限度的一些入門知識」，僅是為了備作解讀佛典之必需才漢譯的。即便只是這些教科書，中國的評注及研究專著就林林總總寫了不少（其中絕大多數據印度佛教邏輯學著作《因明正理門論》和《因明入正理論》而來），已給我們展示了廣闊的景觀。因此，推想印度當時的研究場景，該是如何宏偉呢？

再者，中國人選擇的只是形式邏輯學部分；相反，一些作為邏輯學理論知識根基的認識論書籍則不在入選之列。從著者來看，法稱大概可說是印度因明學的的集大成者，他在感覺與思維或推理中追求人間知識的源流，他留意綜合判斷與分析判斷在具體推論中的不同意義，並在此基礎上構成了精密的知識學體系。

有些西方學者甚至認為他的體系與康德的體系不謀而合，他在學科中的作用也與康德相仿（西方人認為康德是浪漫主義唯心主義哲學的創立人）。即便在法稱聲名大震，著作迭出之後，中國人也幾乎沒有翻譯他的思想成果（作為對照，西藏人大量翻譯和研究了法稱的著作）。因此，即便這沒有「戲眼」的戲，在中國已大大熱鬧了一番，那麼在印度，這大高潮迭出的戲大概是十分熱鬧的。

還有，從研究的深度來看，即便是中國因明學研究的開山祖和一流大師，其理解水平仍有不盡完善之處。例如，玄奘在推論「唯識無境比量」時，提出——

宗　真故　極成色不離於眼識。
因　自許初三攝眼所不攝故。
喻　猶如眼識

玄奘認為，唯有「識」是真實存在，外部世界的一切客體都是不存在的，它們通過眼的認識作用才存在。但玄奘在展述論點時，違離了邏輯原則。因明學認為「理由命題」應由立論者與反對者雙方都承認（共許極成）；玄奘則認為，一個命題，只要立論者認可就行了。新羅（朝鮮半島古國之一）的順憬一針見血地指出，玄奘沒有充分理解「推論」（自比量）與「論證」（他比量）之間的區別，所以立論有誤。

　　又如，窺基的《因明入正理論疏》（簡稱《因明大疏》）三卷是中國、日本闡釋因明學的最高權威，然而該書對形式邏輯的中核問題缺乏理解。日本近代學者在研究該書後，認為；「《因明大疏》獲得自古以來的大尊崇，其實它發揮的因明學並不得要領，疲滯於煩瑣和枝葉。」（《佛教論理學》）例如，新因明論式稱作「三支作法」，它由「宗」、「因」、「喻」三命題構成。《因明入正理論》原文清楚地闡明了這一點，但窺基不理解，把它誤解為僅包括「因」的一命題與「喻」的二命題（同喻與異喻）。再如，漢譯佛典把「實在根據」譯為「生因」，把「認識根據」譯為「了因」。在自然界中，由 a 原因而使 b 生起，那麼 a 是 b 的「生因」；反之，由 a 推知 b 的存在，那麼 a 是 b 的「了因」。但窺基沒有正確理解這兩個概念的意義，因此他在《因明入正理論疏》中把「生因」和「了因」與「言」、「智」、「義」三種分類結合在一起。

　　　　生因有三。一言生因、二智生因、三義生因。言生因者、謂立論者立因等言，能生敵論決定解故。名曰生因。故此前云，此中宗等多言名為能立。由此多言，開示諸有問者示了義故。智生因者，謂立論者發言之智，正生他

解，實在多言，智能起言，言生因因。故名生因。義生因者。義有二種；一道理名義、二境界名義。道理義者，謂立論者所詮義。生因詮，故名為生因。境界義者，為境能生敵證者智。亦名生因……智了因者，謂證敵者解能立官，了宗之智照解所說。名為了因……言了因者，謂立論主能立之言。由此言故敵證二徒，了解所立，了因因，故名為了因。非但由智了能照解，亦由言故：照顯所宗，名為了因……義了因者，謂立論主能立言下所詮之義，為境能生他之智了，了因因，故名為了因。亦由能立義，成自所立宗，照顯宗，故亦名了因。

其中「義的生因」和「義的了因」顯然與「生因」和「了因」的本來意義相矛盾。

還有，「因明」本是梵語「hetuvidyā」的漢譯，梵文詞意是「關於因（理由）的學問」。然而窺基僅僅從「因」和「明」兩字聯繫來給予武斷的解釋：「因謂立論者言，建本宗之鴻緒。明謂敵證者智，照義言之嘉由。」

由此對比，至少有一點是可以肯定的：儘管因明學研究在中國（尤其唐、宋）已有很大的規模，但在廣度與深度上，還遠遠不及印度。由此，從中國的研究狀況，可折射出印度人在因明學研究領域中的智慧是多麼豐富多采。

印度學問的分類

如何給「學問」分類，這其中必然凝聚著學問。探討印度

人如何劃分學問，如何將它們分類，如何突出重點，這對我們探討印度人的智慧，探討他們的智慧在哪些學問領域會迸出更燦爛的火花，是不無益處的。

　　也許是印度人太著迷於宗教，著迷於抽象思維，著迷於漫無邊際的遐思，從他們對學問的分類來看，看得見、摸得著，實實在在的自然科學很難占有獨立的一席。古代自然科學是以經驗為據的實體知識，這種知識本身在時間和空間上受到限制，這大概是自然科學在印度不受青睞的根本原因。

　　憍底利耶（Kautilya）的《實利論》把學問劃分成四類：（一）哲學（ānviksiki）；（二）吠陀學（trayi）；（三）經濟學（rārtta）；（四）法學（daḍḍaniti）；在他的分類體系中，自然科學無獨立意義可言。有的學者認為，憍底利耶大概把自然科學的研究包括在第三類（經濟學）中了，因為自然科學就像經濟學一樣，是為生活服務的。後世許多印度哲學學派都繼承了憍底利耶的分類體系；如「正理」派就是其中之一。

　　有人或許會提出不同的看法，佛教經典，如《菩薩地持經》第五卷、《菩薩善戒經》第三卷、《瑜伽師地論》十五、三十八卷中，都把學問分成五類，稱作「五明」：（一）聲明（sadba—vidya，語言學），（二）工業明（silpakar—masthāne—vidya，玄奘釋作「技術機關陰陽曆數」）；（三）醫方明（hetu—vidya，玄奘釋作「禁咒閑邪藥石針艾」）；（四）因明（cikitsā—vidyā，論理學）；（五）內明（adhyātma—vidya，佛教哲學）。其中的工業明和醫方明不是屬於我們所說的自然科學嗎？為此，一些專家解釋：其一，佛教徒建立這一分類體系僅僅從外表、從實用的目的出發，他們沒有自然科學是單一的並獨立於其他研究領域的思想。其二，實際上佛教注重的是聲明，他們研究音韻學，琅琅上口，易於

傳教；注重因明和內明，以便正確地闡釋教理。就工業明和醫方明而言，佛教徒總是竭盡全力，使它們為宗教服務。

有人或許會反駁，古代印度的天文學、幾何學、數學等不是很發達嗎？這怎麼能說他們不重視自然科學呢？事實上，印度的自然科學是由於宗教動機的影響才發展起來的。

首先，我們看到幾乎所有印度的科學著作者都以敬重神和忠於神這樣的話語作為開場白。其次，我們知道，希臘的科學只有在擺脫了神學的枷鎖之後，才取得了真正的進步。相反，印度的科學研究是在輔助研究《吠陀》中成長起來的，而且它們始終籠罩在宗教的陰影中，以致發展到一定程度（即基本滿足於宗教祭祀的要求之後）就停滯不前了；這大概是自中世紀以後印度經濟發展落伍的主要原因之一。

例如，印度天文學的發展就是這樣。很久以前，正統的婆羅門教徒就把天文學高度評價為《吠陀》的六種輔助研究之一。為了使神聖的祭祀避開凶日，為了使它們在黃道吉日舉行，進而言之，為了使祭典能在規定的日子裡準時開始，循時而進，按時結束……天文知識都是必不可少的。反之，印度人認為祭典的時辰稍有差錯，就會鑄成大罪。為了這一目的，印度人開始觀察太陽、月亮和諸恆星間的位置關係。這樣，「二十八星宿」的研究奠定了印度天文學的實質部分。再者，印度人的天體研究從一開始就有非常強烈的星占學形式，以後的發展不可分割地與占卜的技藝聯在一起。這也是天文學依附於宗教的一個有力的佐證。

又如，數學和幾何學的發展也是作為宗教祭祀的附屬而發展起來的。我們知道，在祭祀場和祭祀壇上，人和物的位置都有嚴格的規定，方位，面、線、點及人與物的數量設計都要求十分精確。否則觸怒聖神，豈不大禍臨頭。於是，為了滿足祭

附：吠陀文獻表解──

吠陀經
- 梨俱吠陀（替頌明論）Rig－Veda
- 婆摩吠陀（歌詠明論）Sama－Veda
- 耶柔吠陀（祭祀明論）Yajnr－Veda
- 阿闥婆吠陀（禳災明論）Athava－Veda

本集 Samhita（狹義吠陀）
梵書 Brahmana 又稱
淨行書、祭書、每部梵書包含三部分：
- 儀規 Vidhi
- 釋義 Arthavada
- 極意 Vadanta（吠檀多）
  - ……
  - ……
  - ……

森林書 Aranyaka（阿蘭若書）
- ……
- ……
- ……

奧義書 Upanishad
（優婆尼沙）
經書 Sutra（修多羅）－完全可獨立出來

經書

廣義＝吠陀分明論支節錄（Vedangas）
- 聲調學 Siksha
- 音律學 Chandas
- 文法學 Vyakrana
- 難字集解 Nirukta
- 天文學 Jyotisha
- 禮學 Kapla

狹義＝禮學
- 所聞經 Srauta Sutra
- 家範經 Grihya Sutra
- 法經 Dharma Sutra

法論 dharma Sastra－編成韻文，闡明法綗者，稱為法論；現有法論八十餘部，重要者四部，摩奴法論（即摩奴法典）為首要。

實利論（政事論）Artha Sastra－法論中專論政事的部分，共有五派十三部，其中以憍底利耶所著的最重要。

祀的需要，數學和幾何學也發展起來了。

再如，需要化學知識的煉金術也籠罩在強烈的宗教色彩中。因此，儘管從現在的眼光來看，古代印度的有些自然科學是相當發達的，但事實上它們從來沒有成為獨立的學科。

南亞研究的老前輩張蔭桐教授廣閱博覽，他在印度吠陀文獻之間的聯繫線索問題上，對印、英諸多專家學者的研究成果進行了分析和歸納，繪出簡單明了的圖表，使我們一覽他們的主要聯繫脈絡。

對列表的簡單解釋：這四吠陀統稱《吠陀經》，分為《本集》、《梵書》；《梵書》又分為《儀規》、《釋義》、《極意》，其中《極意》最為重要。《極意》分為多部，以《森林書》最為重要。《森林書》又分為多部，其中以《奧義書》最為重要。今天的印度哲學各派大多從《奧義書》出來。相傳，《奧義書》有一〇八部。

《梵書》主要是注解《吠陀經》，每一吠陀都有為之作闡釋的《梵書》，有的吠陀有幾種《梵書》。《極意》是《梵書》的最後一部分，最深奧的部分。《極意》的最後是《森林書》，是哲人們棲居於森林深處，苦思冥想後撰寫的。其中的精華為《奧義書》；有的學者認為其得名於「奧深的意義」。

吠陀的最後一部分為《經書》，它們不僅根據吠陀，而且按當時的需用進行解釋並擴展出來。《經書》的範圍廣，有廣義和狹義兩種：廣義是《吠陀分明論支節錄》，包括表中六類。狹義的《經書》是《禮學》，分為表中所列的三部，實際上從出生到死亡，從此生到彼生都包括了。《法經》的其中一部分叫《法論》，《法論》即以韻文撰寫，闡明《法經》者。現有法論八十餘部，重要者四部，尤以《摩奴法典》最為重要。《法論》中專論政治的是《實利論》，也稱《政事論》，

共五派十三部，尤以憍底利耶的著作最為重要。

從圖表來看，一個一目暸然的概念是：一切學問都從吠陀經演化出來，即宗教是印度知識之源。這個結論恰恰是絕大多數印度和世界印度學專家正趨眾口一辭的論斷。

格律詩中的數字巧用

印度人十分愛好詩歌，這是毫無疑義的。自古以來，許多造詣頗高的典雅之作一直傳唱至今。《摩訶婆羅多》、《羅摩衍那》等巨篇史詩早已名聞遐邇，《薄伽梵歌》、《往世書》等也流傳東西。印度人不僅吟詩作歌，而且在宗教、哲學、政治、經濟、法律，乃至數學等其他諸多領域的著作中，也常常運用韻文的形式。

眾所周知，格律韻轍是構成詩歌的重要元素。憑藉它們，詩歌才表現出抑揚頓挫，琅琅上口。為了滿足格律韻轍的要求，印度人表現出巧用語言的種種高招。例如，梵語詩中，「雲」常常被誦作「與水者」（jalada），「鳥」被稱作「空中飛行者」（Vihanmga），「象」喻稱為「沈思的行者」（matamga）等。這樣，他們常可根據韻律的要求選擇用詞。再者，他們對詩中「數字」的處理，也是典型的一例。

出於格律和韻轍的要求，印度人喜好用來自歷史和社會生活中的一些具體名詞來表達「1」、「2」、「3」、「4」等數字。例如用「月亮」和「地球」表示「1」，因為它們在整個自然界中是獨一無二的。用「眼睛」和「翅膀」表示「2」，因為它們一般總是成雙成對存在著；至於何時用「眼睛」，何時用「翅膀」，顯然取決於不同押韻的要求。「火」通常用來

表示「3」，因為在大規模的祭祀中必然用三種火。而「仙人」一般表示「7」，因為在印度神話中，常是七名仙人聚為一夥。這種計數方法已發展得非常複雜，有時他們竟然用多達四十種或五十種名詞來表達某一數字。

印度人還用一些加、減方法來表示數字。例如，當印度人在詩中要表達「19」，而「19」的發音在詩文中恰恰又不符合押韻的要求時，他們就會用「二十減一」或者「十七加二」等能夠滿足韻律的要求來表達。根據《戈德巴德論「數論」》中介紹，在一次祭禮上，祭文把犧牲獸「五九七」頭敘述成「六百減三」。又如，在佛經《百論疏》中提到一火馬祭：「盡殺五百獸，少三不具足。」

印度人的這種偏好似乎也影響了一些常去印度的外國人，例如塞琉古王朝大使美伽斯梯尼在華氏城生活多年，他遍遊印度，為後人留下許多寶貴的資料。在他已佚失的《印度誌》殘片中，我們看到他介紹：「此時印度有『一二〇缺二』國（即一一八國）。」

還有一種表達法是用一連串數子的總和形式來描述某一數字，這在古代尤其普遍。例如「八二六」，常被表達成「八百，二十，六」。這就為詩韻要求提供了很大的迴旋餘地。

出於格律的要求，印度人在詩中常把一些類似的事象以簡明的數字並列。憍底利亞的《政事論》通篇貫穿著這一用法。這種現象在印度各宗教中普遍存在。例如，佛教徒常用數字概括各法理，「三界」、「四諦」、「五蘊」、「六度」、「八正道」、「十二因緣」等等。

由上所述，除了最後一種數字並列的表達法在漢語和日語中也廣泛使用外，其他巧妙利用數字的方法則鮮有類同者。

德摩衍蒂：看印度人怎樣講故事

德摩衍蒂是《那羅傳》中的女主人公，而《那羅傳》是印度古代巨型史詩《摩訶婆羅多》中的一篇「插話」。所謂插話，就是以《摩訶婆羅多》的英雄史詩為中心故事，一些神話、民間故事、寓言等因與主題的道德教訓相關連，而被插入大史詩中。

《那羅傳》的故事梗概是這樣的：國王那羅由天鵝做媒，與另一國公主德摩衍蒂相互愛慕。公主的父親為她舉行選婿大典。一時間，天神凡聖紛紛去應徵。四位天神在應徵路上遇見那羅，並請他做傳言的使者。那羅允諾，儘管他後來得知，四神要他去向自己的心上人轉達情意，仍忠實地履行自己的諾言。在選婿大典上，四天神都變成那羅的模樣，德摩衍蒂憑藉聰明才智，選擇真正的那羅為夫。

此時，有兩個惡神也趕來參加選婿大典，得知公主拒天神而選凡人，不禁大怒，決定實施計謀，進行破壞。惡神挑撥那羅與兄弟擲骰子賭博，然後附身作祟，致使那羅輸了國土及一切。那羅夫婦逃往森林。那羅看到德摩衍蒂被他連累受顛簸之苦，感到十分羞慚，便棄妻而走。公主孤身在密林中苦尋丈夫，歷盡磨難。後流落某國京城，當了宮娥。

那羅棄妻後，從森林大火中救出巨蟒。蛇使他變形，並授計他去當一名國王的馬夫。後來，公主的父親出重賞找回德摩衍蒂。公主歸國後，派人廣傳隱語，遍訪丈夫。當她得知一名醜陋的馬夫能答隱語時，便詐說要舉行再嫁的選婿大典，並按所擇的吉日計算，只留給那馬夫一天的時間。

那羅作為應徵之國王的馬車夫，藉機前往。他以神奇的馭馬術，同國王一天之內到達目的地。在路途上，國王為學馭馬

術，便把自己所向無敵的擲骰子賭術教授給那羅。當選婿大典
上夫妻相會時，因為那羅形象已變，公主便用種種手段測試，
終於那羅現出真面日，於是夫妻團圓。而那羅又以賭術贏回了

·那羅傳

國土和王位。

這個民間故事在印度廣為流傳，德摩衍蒂也成了家喻戶曉的人物。從這故事中，我們看到作者借助於德摩衍蒂，巧妙地展現了印度女性的美德與才智。

德摩衍蒂忠貞不渝並且有堅強的意志。她在選婿大典上拒絕天神，執意嫁予凡人，便說明了這一點。當丈夫在森林中乘她熟睡，離她而去時，她不顧巨蟒和獵人的種種危害和居心叵測，捨生忘死尋夫。故事通過德摩衍蒂孑然一身在荒山野林中哭尋丈夫時，問山、問獅、問樹、問仙人、問商人的情節，把她的淒慘狀況和堅毅表情描述得絲絲入扣。後來不管當宮娥還是重當公主，她總是千方百計查訪那羅；直到最後團圓，始終無二心。

故事對公主的聰明過人更是不惜大費筆墨，這既是印度婦女的智慧顯現，也是作者的聰明過人之處。首先，在選婿大典上，儘管四名天神都變成那羅的模樣，但德摩衍蒂憑藉著忠貞和智慧──識破了天神扮的假象，認出真正的那羅。接著，公主暗暗察訪丈夫時，讓人廣泛傳播隱詩，因為這些隱詩只有他們兩人知曉，通過此法，既能準確無誤地找到丈夫，又可不露聲色，以免鬧得滿城風雨。其三，當她得知有一馬車夫能答隱語時，便詐稱舉行再嫁的選婿大典，以引丈夫歸來。其四，她深知那羅馭馬術絕倫無比，因此只留一天時間，要他從遙遠的地方趕來，以此辨他真偽。其五，當那羅形象已變，公主先派宮女觀察試探，又讓兒女去動之以情，最後親自出面，當場責備並曉之以理，致使兩人誤嫌冰釋，再度重圓。

另外，作者還巧妙地用講故事的形式來鞭撻神和讚頌人。從故事中，我們看到人的品質是很高尚的。例如，當那羅知道四天神讓他向德摩衍蒂轉達情意，儘管這與自己的目的相衝

突，但他仍信守諾言。又如從上述我們也看到，作者對德摩衍蒂的美德和才智，更是描寫得入木三分。同時，故事把四位護世大神卻描寫為狡猾和蠻橫。例如，天神明知那羅去選婿大典的目的，他們便耍一詭計，事先不說出請那羅轉達什麼樣的口信，當那羅一口應承後，他們才道出真情，並蠻橫地說：「你已允諾我們的請求，怎麼可以食言？請不要拖延。」再者，故事把災難的禍根幾乎都歸之於神，因為一切苦難都是神的明爭和暗算造成的。如一位神說：「我要使他（那羅）失去王位，也使他與德摩衍蒂不再相愛。你（指另一神）鑽到骰子中去，這樣就能助我一功告成。」然而不管神怎樣凶惡和狡詐，他們的陰謀——失敗，最後的結局是人的智慧戰勝了神。

· 那羅與德摩衍蒂

文字反覆的功能

　　閱讀印度典籍，有一點實令現代人大惑不解，那就是諸多印度典籍中都存在著文字再三再四不斷重複的特點，令人深感冗煩。為什麼印度人對這種枯燥的寫作方法樂此不疲呢？

　　這類同義反覆的句子在《奧義書》、佛教經書及耆那教經典中是屢見不鮮的。例如，在《廣林奧義書》Ⅱ·七中，每一節的最後都是「此即汝之性靈，內中主宰，永生者！」在佛教經典中，這方面的例子也不勝枚舉。古代中國人早就注意到了這一點。晉朝高僧道安（公元三一七～三八五）在《出三藏記集序》第八卷「摩訶鉢羅若波羅密經抄序」中說：「胡經的描述極為詳盡。如對一些歎詠之句反覆叮嚀，再三再四而不厭其煩。這些重複之句在漢譯本中盡被裁略。」日本高僧香月院深歷師也作了同樣的批評，他在《教行信證講義》中說：「印度就是這樣一個國家，其民族喜好每一事俱求全求盡。在表達歎詠之句時，同義反覆是其習慣。在中國，人們喜歡簡潔而力圖避免重複。」許多西方人也都指出了這一令人費解的現象。如斯倍爾（Speyer）的《吠陀經與梵文句法》，溫特尼茨（M. Winternitz）的《印度文學史》和奧登博格（N.Oldenberg）的《佛陀》中，都談及印度經典中的這一奇特現象。

　　各國的印度學專家對印度典籍語詞的重複現象進行了研究。他們認為，這類冗長乏味的同義反覆實際上是印度人處心積慮的故意作為，它甚至有一舉幾得的功能。換言之，它們竟是印度人智慧的產物。

　　第一種功能。可能將追溯到遙遠的古代。據說，在沒有文字記載之時，同義反覆是為了加強記憶。由此看來，這是一種源遠流長的傳統；後來儘管文字產生了，但這種傳統仍然頑強

地表現著、存在著，找到了進入文典的途徑。因為宗教文典的編纂仍然有滿足師尊口授和弟子記憶的職能，因此這與同義反覆的傳統功能有不謀而合之處。鑑於同義反覆的實用性仍然存在，所以這一現象在文典中依然故我。

　　第二種功能是起強調的作用。同義反覆，再三提示，引起人們的重視，這是強調作用的一個側面。強調作用的另一個方面恐怕與印度人不重視客觀自然界先後次序的思維方法有關。這種傾向在梵語的語言形式中能夠看到。按西方語言來說，在句子的兩層意思轉折時，應運用轉折詞，但印度人的思維方法仍習慣於平鋪直敘，沒有揮入「但是」及相應的轉折詞。例如，西方語言「Deshalb kann ein Tauber zwar redden, aber nicht hören」或者「therefore the dumb canspeak, but cannot hear」（所以，啞人能說話，但聽不見）。在梵語中則是「tasmād badhiro vāca vadati na śṛṇoti」（從字面直譯，是「因此，啞人說話，聽不見」）。其次，在《祭儀書》中，我們常可以看到印度人從來不按事實的輕重或差別進行各種現象的分類，他們常竭力羅列現象而難以讓人察覺到其中有一定的次序。《祭儀書》還常常把抽象概念和具體事實並列描繪，幾乎沒有次序判斷。《實利論》（Arthasastra）和《情事論》（Kamasutra）通為貫穿這一現象。還有「數論」派的「二十五諦」，「正理」派的「十六句義」等，也從不明示其中的主次。佛教中這樣的現象更是歷歷可見，如「三界」、「四諦」、「五蘊」、「六度」、「八正道」、「十二因緣」等。總之，按照斯倍爾的說法，「印度人不喜歡以認識各種現象中的一些秩序為基礎，從而對這現象進行概括和制定規則，但他們又有著尋求和把握在諸現象中的邏輯性或因果關係的強烈意向。」（《吠陀經與梵文句法》）所以他們就用同義反覆來達到強調和多少顯示出一

些次序的目的。

第三種功能是權充代名詞的職能。在古代印度語言中，代名詞很不發達，人們也極少使用。因此，同一名詞在梵詞中不得不常常重複；而在西方古典語言中，這些反覆出現的同一名詞常常是用代名詞來替代。還有，當印度人需要連接兩個句子時，他們通常給主語加上指示代詞「sa」，以此表達「和」或者「然後」等連接詞的含意。那就是說，在梵語中，指示代詞具有用來替代連接詞的功能。為了顯示同一主語的多種行為，西方語言常需用連接詞；相反，只要行為主體在幾多場面和時間不變，印度人就反覆提示這同一主體。有些學者認為，這是印度人獨特思維方法的產物，即他們強調物的靜止相，而不是能動作用；觀察事物時，他們總是習慣於從靜止相入手，通過不變，注視變化。

第四種功能是宗教功能。反過來說，印度人正是出於宗教的動機，他們才會長年累月，心甘情願地依附於這種冗長繁瑣的同義重複風格。古印度人喜歡心誦，並且以口誦使宗教聖典傳世。隨著時間的推移，吟誦的形式確立了。熱衷於窺探內質的印度人逐漸推測宗教的魔力就在吟誦本身。為了保持魔力能發揮作用，他們提倡「日誦八百遍」、「日誦八千遍」，甚至「日誦八萬遍」，並且有必要順從已確立的冗長重複的方式，有必要在各種情況下忠實吟誦。他們絕不會、也不敢擅自改變形式，因為他們認為哪怕脫漏一字，都是宗教上的重大過失。因此，古印度人忠實不渝地貫徹這一形式，儘管它再三重複和令人厭煩，他們也絕不壓縮和省略，傳統吟誦中的每一句都必須小心翼翼地吟誦和誠惶誠恐地聆聽。這種冗長和緩慢的吟誦令近代人不堪忍受，但古印度人則順從和耐心地遵循著，而且在他們的頭腦中，根本沒有順從和忍耐的觀念。於是，對於森

林密處庵廟中的修行者和暗窟寺院中的僧侶來說，反覆吟誦應該不緊不慢，時間的流逝似乎無窮無盡。

「一個民族的智慧，只有身臨其境者才能心領神會。」此話大概可算是金科玉律。但我常常懷疑，這種無聊而冗煩的同義反覆，抑或不是印度人的弄巧成拙？

沈默無價

以最精練的語言和文字最準確地表達旨意，這是許多民族公認的一種智慧。中國人認為言語不在多而在於精，口若懸河、滔滔不絕者未必勝過一語中的者，因此自古以來就有「一語值千金」、「一字千金」的說法。當非常時期發展到「句句是真理」、「一句頂一萬句」時，這大概在中國也算達到了極端。印度民族似乎也崇尚言辭少而精的原則；從某種意義上說，他們似乎更進了一步。達摩大師午到中國，立刻給日日夜夜盼著聆聽天竺大師傳經送寶的中國佛教徒一個下馬威。他在匆匆與皇帝一晤後，便徑直跑到少林，面壁而坐，一下子就是九年。中國的一些佛教徒終於從其行為中悟得真諦，為禪宗訂下「不立文字」的宗規。

從思維方法的角度來看，印度民族喜好用否定形式表達旨意，當否定走向極端時，必然會導致對否定表達本身的否定。於是，沈默具有最上價值；甚至可說：沈默無價。

在印度，各宗教都尊奉聖者和真誠修行者為「Muni」（牟尼）。據《法句經》闡釋：「牟尼」的實際含意為「守沈默之人」。可見，印度人深信，悟識真理就一定達到沈默的境地。按照婆羅門教《奧義書》的說法，哲人跋德哈伐

（Badhva）以「無言」（avacana）來回答有關「梵」之真性的詢問。一次，有一凡輩之人問跋德哈伐，，「請教『梵編之本性為何？』跋德哈伐銷魂落魄似地沈默。那人再次提問，跋德哈伐依然無動於衷。當那凡輩三度請教時，他才無奈地啟動金口：「我正在教你，但你沒有悟覺，因為這至高無上之『梵』的本性就是『靜默』（upaśānta）。」

　　無獨有偶，印度佛教也流傳著類似的故事。維摩居士是一位賢明的佛教在俗信徒，他在領悟教說真諦上似乎達到了一種無與倫比的深奧境地。據《維摩詰經》介紹，在一次高聖聚會上，維摩居士恭敬地請教三十二位菩薩：「怎樣才能體悟不二法門？」然後他默然無語地靜聽三十一位菩薩一個接一個的侃侃高論。最後他詢問文殊菩薩的妙見，文殊菩薩說：「無言、無說、無示、無識。如達此狀，堪稱悟入不二法門。」語畢，文殊反促維摩居士表達自己的看法，但維摩居士「默然無語」。文殊見此狀，不由從心中感嘆：「善哉，善哉！」因為文殊出言「無言」，而維摩居士身體力行「無言」。

　　釋迦牟尼也有這方面的以身作則。當有徒詢問「『完全人格者』死後是否存在」時，佛陀不給予任何回答。這無聲的行為表明，議論這類形而上學的問題無益，不會使詢問者對「正覺」有切實的認識。這樣，不予任何回答（即「舍置記」），就是一種明確的回答，蘊含著非常的邏輯性。因此，佛法真諦之一就解釋為：「言說動容是假幻，寂默凝然是真法。」

　　當代印度人也深諳沈默的價值和力量。英迪拉‧甘地夫人就常常用冷漠和沈默為武器，致使她的對手陷入困窘的境地。美國前總統尼克森就曾親身領教過。出於對尼克森外交政策的不滿，英迪拉‧甘地對尼克森是十分反感的。多家報刊和許多政治記者不約而同報導，她在與尼克森交談時，很少出現笑

容，當尼克森熱情詢問許多問題時，她出於外交禮節，先只是冷漠地以單音節詞簡單回答，到了後來，甚至以「Is that all?」作為一種不願再談下去的反問，然後是令人生寒的、莊嚴的沈默。尼克森陷於尷尬境地之中。西方記者報導說，尼克森的「自我中心被徹底摧垮了」。後來有位西方記者就此一場面發出提問，甘地夫人直言不諱地說：「沈默與其餘部分是密切相關的，你甚至可在一次會談中運用沈默。」

據說，印度的這種「沈默無價」觀也深深影響了現代的歐美藝術。聞名世界的作曲家約翰‧凱奇（John Cage）就接受了東方思想文化的這一精髓。他在展示自己作品的一次演奏會上，在濟濟一堂的觀眾面前，默默地坐在鋼琴前許久，以寂靜自始至終。當人們問及他創作的靈感時，他說這是受東方「禪思」的影響，因為藝術的最高境界是無法表現的，欣賞者只有在寂靜中與表演者心機契合。

當代印度學研究權威耶魯大學教授阿瑟‧弗里德利克‧賴特（Arthur Frederick Wright）在評價印度民族的沈默觀時認為：「沈默絕不是消極的，也不是沒有意義的，它實際上蘊含著妙不可言的玄奧意趣，就像高亢音樂中的休止符號，就像畫卷中的空白之處，其包含的積極意義盡在不言中。」這大概也就是中國人所說的「無聲勝有聲」境界。

冥思出真知

討論印度人的智慧，當然應考察一下從高深的哲學層面總結的智慧結晶如何產生。

「冥思出真知」，這看似唯心主義的命題，但用於印度民

族，確實說明了他們的一種思維特徵，或者說是印度式的認識論。花大量的時間去冥思，然後再講話，再行動，這顯然不是同屬東方的中國人的思維特徵。《詩經》中有許多民間歌謠，它們大多是百姓隨口唱出。「窈窕淑女，君子好逑。」與其說是冥思的真知，不如說是直抒胸臆。一部《論語》也充滿了動感；孔老夫子一生顛簸，急功好利，每每遇事而發，匯集而成著。例如，孔子見一婦女在葬夫、葬子（兩人均是遭虎傷而死）後卻又不願離開深山的情形，便大歎一聲：「苛政猛於虎！」他從來沒有苦苦冥思，然後細細論證何為苛政之一、二、三、四，也沒有論證為何苛政猛於虎的甲、乙、丙、丁。然而這五字一歎出口，便流芳百世了。也許，孔子或者對埋頭著書毫無興趣，或者也曾埋頭案几，寫出過幾大部頭，但冥思出來的竟不是什麼真知灼見，不為後人矚目，甚至其弟子也不屑一顧，終於都散佚了（當然這些僅是假設）。但是，世人皆知的一個確切事實是：萬世文聖確實沒有留給我們什麼大部頭專著，尚在人間的只有一些如《論語》類斷斷續續的隻言片語。

　　達摩大師從西方來，也許他一眼便看到以儒學為主的中國精神充滿急功好利的傾向，既看到士人們熙熙攘攘於官場，又看到庶人們喧喧嚷嚷於市場，於是他以身作則，對著空牆，一思就是九年。然而傳統的習慣勢力是難以逆轉的，除了極少數削髮之僧模仿著印度人的冥思之外，廣大民眾仍喧嚷於官場、商場，逐名逐利。

　　總之，中國人的智慧絕不是在花大量時間的冥思中跳躍出來，而是在「摸著石頭過河」的實踐中豐富起來。

　　我們再來考察一下印度人，他們好沈思或者善冥想的思維特徵應是成立的。梵文文法似乎證明了這一點。相應說來，在

敘述前後繼起並仍在進行的事象時，希臘語和拉丁語僅用現在分詞，而在古代印度語言中則用顯示過去時態的動名詞來替代。這就說明印度人從冥思的立場出發，用完成時態的眼光來把握進行著的事象。例如，「離開了池塘，那鳥……」梵文是「Pallalam hitva」，而拉丁文譯語為「Lacum relinguentes」。

在梵語合成語的構成法中，我們也能看到這一特徵。在表示兩個概念之間的因果關係時，梵語合成語的思維秩序是從結果追溯到原因。所以其他語言中的「因與果」，在梵文的表達中變成了「果與因」，例如，「gamyagamakabhāva」是「可知的與知者的關係」；「jayajanakabhāva」意為「被生殖的與能生殖的關係」，中國古代學者已注意到了這一現象，他們在漢譯印度佛典時，改變了上述表達的排列順序，顯現為中國人習慣的「因果關係」。翻開藏文版《大藏經》，我們看到西藏人也改變了印度的語言順序，把「果與因」譯成「原因與結果」。

印度宗教家一般都修行「瑜伽」。通過「瑜伽」方式，他們冥想存在於現象界背後的真理和本質。這種溯往式的沈思有時還要達到一種無我的境地，彷彿自身恍恍惚惚，已與那冥思中的幻境相即相融，大概達到了冥思的極境。

最後我們再考察一下，印度一些上升到高深哲理的智慧結晶，往往是在長時段的冥思中撰寫成著的。我們以《森林書》為例：它們是哲人們拋棄塵世，生活在密林深處，在自然的懷抱中苦思冥想的結果。徐梵澄先生在《五十奧義書》譯者序中說：「謂宇宙人生之真諦盡在於是耶？於是亦有厭離而求出世者矣。印度地氣炎暑，菲衣薄食亦足以生，故瓶鉢而入乎山林，時一近城市聚落乞食，不至槁死。既於世無所為，靜觀默然，乃始有出世道之宗教生活。為之者，多在人生之暮年，而

世事諧，入山林而不返，遂有《森林書》之作。」再看佛教，如此浩翰的大部經書，大都是學問僧們棲息於人跡罕至的深山幽谷，經年累月，苦思冥想而得出的結果。

所以日本當代佛學者中村元認為：「印度文明的主流不在城市中，而在森林中；它是密林中寂靜生活的文明。」

Chapter 6
藝文技藝中的創造智慧

建築

「藝術作品是智慧的凝聚，是智慧的結晶。」《藝術綱要》的作者威廉·奧本（William orben）如是說。把建築歸類於藝術，這是十分正確、明智的，儘管我們難以指名道姓，定出誰是作如此歸類的第一人。

印度人的智慧當然也體現在他們的建築藝術上。印度的建築風格早已跨出國門，在東亞、東南亞遍地開花；甚至在歐洲、美洲，印度式的建築也時有目睹。

印度民族的建築藝術在遠古時代就已碩果纍纍。據一九三一年英國考察團發表的「印度河流域文明」的考古發掘報告來看，占印度在城市設計之精良方面堪稱世界第一。試以印度河流域文明的代表摩亨殊達羅（意為「死者之丘」）城為例。據測定，該城遺址當是建成於公元前二四〇〇～前一七〇〇年間，占地面積二‧五平方公里。整個城市分為兩部分，即城堡與城區。城堡較小，位於西邊；城區較大，位於東邊。整個城

市的建築物、街道、度量都一致，這顯然表明城市建設是統一規劃的。城堡中建有一大浴地，作為宗教儀式用；此外還有會堂、糧倉、糧食加工「廠」、集體宿舍。城區主要是排列整齊的房屋，街道呈直線，南北向與東西向的街道相交時，交角均為九十度。街道寬闊，其中主幹道最寬暢，達十米之距。住房一般以四——六間組成一單元，甚至有多達三十幾間的。有些住宅顯然是樓房，因為有梯腳的殘跡留存著。最令人叫絕的是城中的排水系統，其結構整齊，通向每一套房子。排水系統的管道是「磚」砌的，而這種「磚」是以瀝青為主要材料，甚至至今仍不漏水。

印度人對洞窟情有獨鍾，這又形成了宗教建築的一大特色。佛教的卡萊（Karle）洞窟被人們一致認為是極為精美的，它把相當複雜的結構全都挖進岩石中去了。通過一扇炬形的門進入洞窟，向前進入也是矩形的朝拜廳，後殿一端有一個小型的窣堵波。洞窟兩邊的山壁上，挖掘有一系列小間，供僧侶使用。卡萊廳的頂部是用木質肋拱模仿的筒形拱頂。其前牆上的雕刻甚為美麗，廳堂內柱子排列整齊，間距劃一，整個建築的各個部分十分勻稱。洞窟建築最困難的大概是採光，而印度人恰恰又把這一點設計得十分妥帖。例如，卡萊洞窟的廳堂由兩長排的柱子分割為三，寬大的中部稱為「中堂」，兩旁的狹窄部分為走道。中堂的末端安放著一座窣堵波。前壁有三道小門通往中堂和旁邊的兩道走廊。中門的上面有一個大大的馬掌形窗戶，投射的光線正好照亮遠在盡頭的窣堵波。當教徒聚集在較黑暗的中堂中央部分，前面是聖者的明亮的窣堵波，這必然給人蕭穆和主次分明、十分感人的印象。

從大塊岩石劈鑿出廟宇，大概屬洞窟的一種或由洞窟廟宇發展而來。其中最引人注目的樣板是在埃洛拉的凱拉沙納塔

（Kai lashanatha）廟，它建成——或者寧可說劈成——於八世紀。竣工時，它已成了朝天打開的獨立式廟宇；實際上它巧奪天工，是完整地從山坡的岩石上劈出的。凱拉沙納塔廟雄偉壯麗。它與古希臘雅典的巴台農（parthenan）神廟面積相近，但高度是希臘建築的一倍半。

印度民族在建築藝術上創造了不少奇觀，它們總讓人歎為觀止。矗立在庫特卜塔附近的德里鐵柱，高達二十三呎，其上刻有銘文，為笈多王朝旃陀羅・笈多二世（三八〇～四一三）的武功大唱贊歌，訴說他如何鎮壓值河流域發生的叛亂。這鐵柱幾千年來歷經風風雨雨，至今幾乎不生鏽，被人稱為是「一種不可思議的作品」。據專家認為，即使是十九世紀最好的歐洲鑄造廠要用熟鐵鑄成這樣的柱子，還要大呼困難呢！

印度海濱城市索姆納特（Somnath）擁有一大奇觀，那是一座廟宇，其中安置著稱為索姆納特的神像。

據記載，這偶像位於廟的當中，沒有任何東西從底下支撐它，或從頂上懸掛著它。它在印度教徒中被看作是最高尊者，無論誰，不管是穆斯林還是異教徒，見到漂浮在空中的偶像，都感到不勝詫異。印度教徒常常去朝覲它，只要當地發生月食，集聚在那兒的人數就多達上萬人。他們相信人的靈魂在脫離軀體後通常都聚會在那兒；並相信這偶像常常隨其意願，按輪迴之道，把靈魂結合於其他軀體……

人們每天到這聖河即恆河取水，用來洗刷這座廟宇。雇用一千名婆羅門來朝拜這偶像和照顧香客，還有五百名年輕女子在門口又唱又跳……

這座大廈建築在五十六根塗著鉛的柚木柱子上。偶像的殿堂是暗的，但由價值連城，用寶石裝飾的吊燈照亮著。靠近吊燈是重達兩百「曼思」（mans）的金鏈條。當夜幕慢慢降臨

時，這鏈條就像鐘一樣被搖動，以喚起許多精神飽滿的婆羅門履行朝拜……

公元一〇二五年十二月，馬茂德率軍到達那兒。印度人進行殊死抵抗，他們進入廟宇哭泣和呼喊保佑，然後，出來衝進戰場，一直到全部戰死。死亡人數超過五萬。這位國王驚奇地望著偶像，並發出奪取戰利品和占有珍寶的命令。那兒有許多金銀偶像和盛著寶石的容器，所有這一切都是印度最高的名流們送到那兒的。在廟中發現的物品和各偶像的價值超過兩萬第納。當國王問及他的隨從，如何評論這偶像的奇特之處，以及它如何停留空中而沒有支撐物時，有幾個人強調，偶像是隱蔽著的支持物撐住的。國王指派一人用槍探索偶像的四周和上下。那人這樣做了，但沒有碰到障礙物。

那時，一名隨從說出他的意見，即頂上的穹形華蓋是天然磁石製造的，而偶像是鐵的，足智多謀的營造者巧妙設計，使磁性在任何一面都不產生較大的力，因此偶像就懸在正中了。有些人同意了，另一些人則持異議。經蘇丹允准，他們從頂上的華蓋移掉一些安放在關鍵部位的石塊，以決斷這個論點。當兩塊石頭從頂上移走時，神像就轉向一邊；更多石塊被挪走時，偶像進一步傾斜；直到最後，偶像擱到了地上。❶

印度步入中世紀後，在建築藝術上產生了一種新穎的風格，那就是伊斯蘭建築風格與印度傳統建築風格的相互融合。在建造清真寺時，也許是印度工匠有意或無意地在伊斯蘭風格中滲入他們拿手的印度傳統風格，也許是由於宗教的隔閡，印

---

❶ 卡茲威尼（Al Kazwini）著。道森（Dowson）編譯：《印度歷史學家所闡述的印度歷史》（The History of India as Told by its Own Historians）。

度人故意在清真寺的建造中融入印度傳統，以此作為無聲的反抗。不管印度工匠的動機是什麼，從本著的主題來說，這種新穎的建築風格之產生，其間必然包含著濃濃的智慧，這一點大概是無可懷疑。

　　據《印度古代文明》記載，印度工匠被伊斯蘭統治者召去建造清真寺時，他們基本上沿用波斯的各種建築外形，但也逐漸加以修改，並且用印度現有的各種技術為建築物裝飾。例如，印度的一些基本花紋，像各種形式的蓮荷等，通過工匠之手，赫然進入新建築。這些花紋與典型的伊斯蘭裝飾花紋（幾何圖案、花葉飾和書法體飾）等結合在一起，出現在中世紀的各清真寺和陵墓建築上，其中難保不帶有印度工匠的感情色彩。古瓦特（Quwwat）清真寺遺址大概是最有趣的範例。該清真寺的前身是一所十世紀喬漢王朝時代的廟宇。廟中央的聖殿被移去，只留下四側垣牆。按照穆斯林朝麥加方向觀拜的規距，壁龕建造在廟的西翼。然後待到清真寺改造完畢，入寺觀拜的突厥人卻看到那些迴廊柱上盡是印度教款式的雕塑。這令他們大為不快。為了掩蓋這一點，統治者又讓印度工匠建造了有五個拱門組成的一道大屏飾，橫跨西翼西面，以遮住觀拜方向的印度教雕塑。但是工匠們仍然「偷樑換柱」，他們用印度式的樑柱來支撐拱門，代替放射形楔形拱石，並且在裝飾花紋方面也頑強地顯示印度的文化根源，因為裝飾花紋是蓮荷漩渦飾與阿拉伯書法式的混合物。此後，該清真寺的風格不斷擴散，從而開創了建築學的帕坦（Pathan）風格，亦即印度—伊斯蘭風格。

　　印度人在建築藝術上的智慧並沒有停留在實踐上，少數聰明人通過歸納，把經驗和教訓上升到了理論高度，撰寫了建築藝術的論著。例如，據《印度文化史》（A・A・麥唐納著，

龍章譯）介紹：「Silp—— Sastra 一詞，雖然就嚴格的意義言是指塑造藝術，但已特殊地用以指建築術。建築術也叫做建築的科學（Vastuvidya）。《度量精義》（Mana—sara）則是建築學方面的主要著述，此書論述房屋與寺廟的根基與建築法、市鎮設計、塑像等等。」塔帕爾教授也說；「一些關於石廟建築的手冊被撰寫出來了，書中道出建築的詳盡細節，這些都被忠實地遵循了。」（《印度古代文明》）

泰姬陵

　　泰姬陵與中國的萬里長城一樣，分別是印、中兩個民族的象徵和驕傲。

　　泰姬陵建於莫臥兒王朝第五代帝王沙杰罕統治時期，是時正值伊斯蘭政權趨於穩步發展的時期，所以泰姬陵是伊斯蘭風格與印度歷史上各種傳統建築風格的大融合，堪稱印度各族人民在建築藝術上的智慧結晶。它的主體建築從一六三二年動工，一六四八年完成，加上附屬建築，全部竣工約在一六五四年。泰姬陵是沙杰罕寵愛的王后的陵墓。王后原名阿尤嫚德·柏奴·比古姆，封號慕瑪泰姬·瑪哈爾（Mumtaz Mahal），意為「宮中寵妃」。她死於生第十四個孩子之際，年方三十八歲。臨終時，她請求沙杰罕為她「修一座世界上空前壯麗的陵墓」。沙杰罕遵其遺言，在莫臥兒王朝故都阿格拉城郊閻牟那河南岸修建了這流傳千古的宏偉建築。該陵墓因王后的封號而得名，世人約定俗成，簡稱「泰姬陵」。

　　泰姬陵的總設計方案匯集了各民族建築智慧的精萃。印度、波斯、中亞各地的建築師，為泰姬陵的建造擬定了眾多的

· 泰姬陵

設計方案。最後，波斯（一說土耳其）建築大師烏斯培德‧依薩一舉中的；然後他採用了其他各種方案的長處，因此最後的泰姬陵布局和結構是博採眾長，融合眾多智慧的結果。

從總體的建築風格來看，潔白明亮的大理石構築了陵墓的主體，加上精雕細刻和鑲金嵌玉，這就把簡潔明朗的伊斯蘭風格與富麗工巧的印度風格完美和諧地結合起來了。

泰姬陵的整體布局平衡工穩，精確簡潔，強調莊嚴和諧的對稱結構，顯然是伊斯蘭建築風格。整個陵墓為長方形，東西長約五八〇米，南北寬約三〇五米，四周採用印度傳統建築常用的紅砂石為圍牆。泰姬陵主體建築位於陵園中央，全部用白色大理石砌成，渾然一體，絲毫不見斧鑿之痕，就像是一整塊白玉石雕出來似的。它高約七十四米，分兩個層次，基部是高

約七米的台基，呈正方形，每邊長約九十五米。台基正中坐落著圓頂寢宮，四牆也呈正方形，邊長約五十七米。寢宮四壁各有一道拱門，拱門的「拱」非圓弧，而是「三角拱腹」形。每道門安有玲瓏剔透的透雕大理石石扉，天然光線可從透雕的花紋空隙滲進，巧妙地解決了採光難題。寢宮正上方有一道石座，呈鼓狀，承托著建築術語稱為「穹窿」的球形圓頂。圓頂直徑約十七米，頂端是一座金屬小尖塔。寢宮屋脊四角各有一座小圓頂涼亭，涼亭圓頂上也各有一小尖塔，擁簇著中央的大穹窿。

寢宮內部呈八角形，共分五間宮室，中央一間為大宮室，呈射線狀的通道連接著其他四間小宮室。台基四角各聳立著一座白色大理石三層塔，塔高約四十二米，建築術語稱為「光塔」，俗稱「呼拜樓」，是阿旬呼喊信徒朝麥加方向禮拜的塔樓。

陵園東西兩側各有一座附屬建築，東為聚會堂，西為清真寺，兩者均由紅砂石砌成。它們與白色的主體建築色彩對比鮮明，相得益彰，宛若一對棕紅膚色的宮女，侍立於冰肌雪膚的王后左右，愈顯王后的白皙晶潔。

主體建築群前面是正方形花園，一碧狹長池水和兩邊若干平行拓展的石徑，把個花園切成有稜有角的數個小花圃。花園正南方則屹立著高大的紅砂墓門。

從整個建築的外型看，方形、圓形、三角拱形、圓柱形，以及對稱工整的幾何圖形美，顯然是簡潔明快的伊斯蘭建築風格；但當你仔細觀摩、細細欣賞時，你便會發現那豪華、富麗、細緻、工巧，恰恰體現了印度傳統建築藝術的精華。

當你定神凝視，就會看到寢宮的拱門上鑴刻著《古蘭經》經文，四周的圍邊不是伊斯蘭式明快的線條，而是鑲嵌著五顏

六色寶石的裝飾性花邊。此外，門扉、窗櫺也不是幾何圖案飾，而是各種花卉透雕，黃金作梗，翡翠為葉，各色寶石、瑪瑙、水晶為花、為蕊，精雕細刻，色彩繽紛如錦繡，泱泱映出的顯然是印度的傳統工藝。

據有的史學家記載，沙杰罕原打算錦上添花，按泰姬陵的模式，在閻牟那河北岸再修築一座全黑色大理石的陵墓，作為自己身後的永息地，與泰姬陵遙相呼應，相映成趣。然後河上再架一道飛虹，黑白兩陵成一線。由於歷史的原因，他的宿願未能實現。一六五八年，沙杰罕的三子奧朗則布奪取了王位，沙杰罕遭八年囚禁，鬱鬱而終，被附葬於泰姬陵內，致使又一傑作終未能問世。

雕塑

印度藝術在古今內外一直享有盛譽，印度人的才智在雕塑、繪畫等方面都有淋漓盡致的發揮。

印度人為了充分弘揚教義和顯示虔誠的信仰，便產生、並進一步利用了雕塑藝術。換言之，印度的雕塑主要是附屬於宗教的，印度雕塑的產生就是與宗教密切連繫在一起的。眾所周知，印度人對於「死」的重視遠勝於對「生」的重視；聖人寂滅後，凡人總是想要去頂禮膜拜，因此窣堵波的形式成立了。

窣堵波原先是一個半球形的頂蓋或土墩建立於一件神聖的遺物上，這遺物是受尊崇的僧侶、聖徒的骨與牙，或者是一本神聖的經書或其他神聖物。遺物一般保存於窣堵波底層中央小室的一只匣子裡。到佛教時期，窣堵波有了很大的發展，它的四周圍起了柵欄，每一道柵欄留有一個缺口，那裡各設一座門

樓，這就開始為雕塑者一顯身手創造了機會。後來在窣堵波邊上蓋起了祭奠的廟宇，於是神像被請來恰如其分地點綴廟宇的空間。再到後來，神像不斷增加，變成了一大群，加上廟宇本身所需的裝飾，這就使雕塑蓬蓬勃勃地發展起來了。

其次，從雕塑的內容來看，也主要是各類神像和神話故事。例如薩拉那特派（五世紀）的著名佛像，雕琢極為精細，形象充滿美感。又如《恆河女神降凡圖》是摩訶巴里普羅的大型壁雕，它描繪了天神及眾多男女神靈及龍、象、蛇等諸多動物歡欣跳躍，爭先恐後地讚頌把象徵生命的聖河之水傾瀉到世間的濕婆神。

在雕塑的表現手法上，印度人也充分向世人展現了他們的智慧。雖然是同一民族的雕塑家，但由於神像的宗教內涵不同，他們的作品表現出的特色也各異。例如，佛教釋迦牟尼雕像總是莊重、嚴肅、安詳端坐，對周圍的一切保持冷漠狀，而印度教濕婆神雕像則形成鮮明對照，其色彩斑斕，常呈現引人入勝的狂舞姿態。這一靜一動，都給人們留下深刻的印象。

印度人常巧妙地運用栩栩如生的形象來寓意或象徵深刻的精神，這就為弘揚宗教發揮了很大的作用。「那塔羅閣」——即正在舞踢的濕婆神——從古流傳至今，一直興盛不衰。這一形象在當今印度，大到巨雕、小到成為旅遊最佳紀念品，成千上萬地被塑造。這雕塑是以舞踢為象徵，從而表現宇宙間各種力量的神威、創造力及其他一些神通力的相互烘托和相得益彰。在象徵宇宙的大圓環內，濕婆踩在罪惡的化身——一個矮人身上起舞。他殺死了這邪惡的精靈，以表示正義精神和智慧的勝利。另外，作者以動感十足的姿態來寓意濕婆的五大職能：創造、鞏固、毀滅、恢復和解脫。例如，擊鼓象徵創造力，火象徵死亡，右手作祖護狀，而下垂的左手表示解脫。於

是，弘揚教義與完美的藝術和諧地結合起來了。佛教的雕塑藝術也同樣顯示出象徵意義。早期佛教是不提倡偶像崇拜的，所以在這一時期的雕塑中，藝術家總是通過一些象徵物來提示深刻的精神。例如，一匹馬代表釋迦牟尼拋棄了王子生活，一棵樹代表佛祖在菩提樹下悟道，一個輪代表他第一次講道，以草鞋表示他的形象，寶座表示大般涅槃，窣堵波代表佛陀的圓寂和涅槃。

用對照方法來突出主角，這是印度雕塑家的又一聰明之處。在凱萊薩那陀寺廟中，留有一幅巨雕《搖撼凱萊薩山的羅婆那》，其中就有兩組對照。惡魔羅婆那面目猙獰，有多手和多頭，力大無比。他用圍繞身軀、呈扇形的二十隻手，竭盡全力地推凱萊薩山，形象咄咄逼人，充滿了活與動的感覺。羅婆那的對手濕婆則顯得面容剛毅、胸有成竹。他泰然自若地坐著，一手放在膝蓋上，另一手托著倚著的頭；儘管面臨險境，猶鎮靜非常，胸有成竹，給人以靜與穩的印象。這一組對照，一個氣勢洶洶，來勢凶猛，，另一個則臨危不懼，穩如泰山。另一組對照人物是濕婆和他的妻子婆婆娣：婆婆娣溫文爾雅，但因羅婆那的搖撼而顯得有些驚慌失措，本能地倚靠在丈夫身上；這對濕婆勇敢剛毅的氣質是絕好的襯托。在這一悍一柔的兩人映照下，中心人物濕婆更突出了。

印度的雕塑源於生活，但又超然於生活。印度人的雕塑中常再現某些日常生活的細節，如再現當時人們的住所、服飾、日常生活用品和器具等。如印度屬熱帶，所以印度佛像大都為熱帶裝束，通常有「偏袒右臂式」和「通肩式」二種。「偏袒右臂式」佛像衣著極薄，多偏袒右臂，裸露胸膛，衣服從左肩斜披而下，至右腋下。衣服的邊緣搭在右肩頭，右胸及右臂都裸露在外；衣褶為平行、隆起的粗雙線。「通肩式」即寬袖而極薄的長衣緊貼

在身，隨軀體而起伏，形成若干平行弧線；領口處為披巾，自胸前披向肩後。但印度人的豐富想像力又不拘泥於生活，在生動、逼真的塑像中，注入了誇張。如上述羅婆那的二十隻手，又如象島濕婆廟（八～九世紀）中色斑絢麗、多姿多采的濕婆三頭巨像（三位一體）。這尊雕像為半身塑像，顯示濕婆的三種不同形象：中間一頭呈創造之神，左側為破壞之神，右側為烏瑪、即女性的始祖。破壞之神頭戴王冠，呈恐怖狀，相貌極其凶殘；烏瑪神則有著溫柔的圓潤面龐。兩者烘托了中間的創造之神，他嚴肅端莊，蘊藏著無限的內在力量。

印度人不僅有著豐富的獨創精神，同時他們也努力吸收其他民族的智慧產物。這本身大概就是一種十分明智的行為。古代的犍陀羅佛像就是印度文化與希臘藝術的融合。當時西北印度與希臘通商，而亞歷山大東征撤走後也留下許多希臘人，同時希臘也派有國使常駐印度。這些密切的往來使得雙方文化不斷接觸、融合，於是帶來了佛教藝術的希臘化，這便是犍陀羅式。從雕像體形上看，犍陀羅式的佛像、菩薩像都顯得雄偉建全，近似歐羅巴人，面貌也與希臘人相仿。這些佛像以形象俊美見稱，而且有阿波羅的韻味，即隱隱約約具有一種愛情魅力。大多數評論家都認為犍陀羅雕像藝術是世界瑰寶之一。（當然也有例外，如哈費爾別有一番見解。他認為犍陀羅雕塑既缺乏宗教性，又沒有很高的藝術鑑賞價值，是一些「沒有靈魂的偶像，希臘和羅馬萬神殿中低劣的神像不倫不類地模仿印度苦行者的姿態。」）

公元四、五世紀，笈多風格成為印度藝術的又一高潮，然而其中也吸取了外來民族的藝術精萃。因為，「它的基調是用印度的固有創作法，同時與犍陀羅的作風相融合，並參與大乘佛教的理想。」

此外，印度人還運用了其他許許多多手段來冶煉雕塑藝術。其一，印度人兼容並包各宗教的藝術特色，使得塑像造型更加豐富多彩，藝術上更趨完美。例如，印度人把許多婆羅門教的神祇塑入佛界，主要有夜叉、夜叉女、水精、樹精等小神靈，天女阿布薩羅和音樂神乾達婆等也常與佛教神像混居一寓。其二，印度藝術家刻意追求精神的傳「神」，七世紀的一些佛像更加脫俗，進一步表現佛的苦修精神。又如為了懲戒「惡」，印度人以恐怖形象來傳「神」，使身臨雕塑群像中的人處在隨時會受到神懲治的可怕境界中。其三，印度藝術家對於光的利用也十分講究。有時因地制宜，根據寺廟、石窟原有的光線進行構思、雕塑；有時則人為處理，調配光線，使塑像達到最佳的藝術效果⋯⋯

還值得一提的是，印度人把雕塑實踐昇華到了理論，成了充滿理性的智慧。《工巧論》的問世便說明了這一點。該書詳細討論了雕像各部分之間的比例、尺寸、姿勢、彎度、髮型裝飾、被雕對象的地位和品貌等。當然，總還有一些學者認為此著在藝術研究上還有許多欠缺之處，但已不屬本文的話題了。

舞蹈

印度的古典舞蹈不僅歷史悠久，而且有著獨特的風格和韻味。千百年來，它給印度人、甚至給世界各民族帶來了得益匪淺的享受。因此，在印度民族的經典舞蹈中，一定蘊含著他們無窮的智慧，這大概是不用多言的。

印度民族的舞蹈藝術在遠古時代就已有了很高的造詣。《梨俱吠陀》中就記載了古印度人的許多音樂和舞蹈活動。

「仙學」是古印度的一種學藝，其中也包括舞蹈藝術。大約公元初，婆羅多牟尼總結了前人的經驗，寫出了集前人之大成的論著《舞論》（Nātya—Sastra）。該著從理論上和實踐上總結了數百年來印度舞蹈聲樂、器樂、戲劇、角色的發展，並且從美學的角度規制和確定了各種舞蹈風格、舞台表演方式，以及伴唱及伴奏的各種形式。《舞論》意義深遠，以至現化印度舞蹈的藝術形象、造型、身段、手勢及表情等，還常常以這部論著為根據。繼往開來的印度古典舞蹈專著是《姿態鏡銓》（Abhinaya—Darpanam），作者為大名鼎鼎的喜自在（Nandi Ke' svara，有的書音譯為難地‧凱師婆羅），他博大精深，舞蹈、醫學、文學、密宗無一不通。《姿態鏡銓》對印度舞蹈的發展，對舞蹈規範定則的鞏固，有著十分重要的作用。

為了用舞姿正確地表達內涵，以及讓眾多觀賞者深明蘊意，聰明的舞蹈編導以最形象的姿態，約定俗成地創製了「舞語」。因此，印度古典舞蹈不僅變化多端、感情豐富，同時又非常規範乏從頭的一扭到腳的一動，無不是特定含意的表達。印度人把古典舞蹈的姿勢劃分為「三格式」，每格式都有特定的術語。頭部、手腕、胸部及大腿的動作稱作「安格」：手、背部、腹部、腳以及特有的頸部變化動作稱為「普拉帝格」；頭部諸器官如眉毛、眼、臉頰、鼻子、嘴唇、舌頭、露牙等動作稱為「阿盤格」。上述「三格式」中，身體每一部位或每一器官的動作也變化無窮。例如，單單就眉毛來說，《舞論》中就論述了表達不同感情的七種不同動作。又如，用眼部表情來表達感情寓意的方式有三十六種之多；比方眼珠的快慢轉動可以表示圓卷和八字。技藝高超的舞蹈家甚至一臉二用，一半表演憎恨和惱怒，另一半正相反，顯示出歡樂和喜欣。手勢的表達範圍就更廣泛了，不僅表達人的喜怒哀樂，而且可表示日月

星辰、江河湖海、黎明黑暗，以及獅狼虎豹。例如，單手勢「Mayura」（圖1）表示孔雀、報預兆的鳥、嘔吐、蔓草……「Kartarimnkha（圖2）左邊的手勢為《舞論》所規定的，中間者為《姿態鏡銓》所規範，右邊者為《卡里卡嗒舞》所運用，含意同一。表示男女分隔、分居夫婦的思念、剪刀、塔等等。雙手勢「Kurma」（圖3）表示龜等；另一雙手勢「Matsya」表示魚（圖4）。印度舞蹈藝術不僅能用手勢表達具體形象的實體，而且還能用手勢表達抽象概念。如「Vardhaman」（圖5）表示質樸、羞怯、痛苦、差別、考慮等。《舞論》中共記載六十七個舞蹈手勢，其中單手勢二十四個，聯手勢十三個，舞手勢三十個，《姿態鏡銓》中述及單手勢二十八個、雙手勢二十三個。

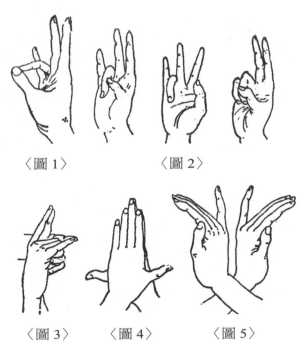

〈圖1〉　　　　〈圖2〉

〈圖3〉　　〈圖4〉　　〈圖5〉

隨著古典舞蹈的發展，形成了印度四大舞派。這些舞派儘管都以《舞論》中的原則和表演藝術為基礎，但又顯示了各自的特色；並且這些舞派的名稱是處心積慮的，分別包蓄著各自的界定及美妙的傳說。這是印度人在舞蹈藝術方面聰明才智的又一顯露。

　　起源於北印度雅利安文化，臻美於南印度泰米爾納杜的傳統舞蹈，稱為「婆羅多舞派」（Bharata Natyam）。其名謂的來歷說法頗多。一說「婆羅多」舞的創始人是一位名叫婆羅多的神仙。另一說認為，婆羅多本是印度的真正名稱，舞派之名蓋出於此。三說則顯然是「咬文嚼字」，他們認為「表情」、「曲詞」與「節拍」的三合一就是「婆羅多」（Bharata），因為「婆」（bha）即「表情」（bhara）一詞的詞首，「羅」（ra）謂之「曲調」（raga）的詞頭，「多」（ta）當是「節拍」（tala）一詞的開首。

　　「卡塔卡利」（Kathakali）舞派盛於印度西南部喀拉拉地區。「卡塔」意為「故事」，「卡利」則是「表演」。顧名思義，「卡塔卡利舞」意釋「表演故事」，顯然屬舞劇類型。因此，結合了故事、詩歌、音樂、舞蹈、表演造型為一，便是這一舞派的最大特點。敘事詩《摩訶婆羅多》、《羅摩衍那》中的故事是其取之不盡、用之不竭的源流。該舞派演員的舉手投足循規蹈矩，因為它「有二十四個基本動作，各基本動作連合在一起，就如幾個字母連在一起一樣。」組成了各種舞語，「就可流暢地表達思想、感情了。」

　　「卡塔克」（Kathak）舞派屬北方宮廷舞，始出於勒克瑙，後蔓衍於今北方邦和拉賈斯坦地區一帶。由於中世紀伊斯蘭文化的影響，卡塔克舞蹈在不知不覺中攝取了伊斯蘭教的舞蹈藝術。「卡塔克」一詞的出源也有不同的說法。有些學者認

為，黑天的崇拜者以舞蹈藝術來表達黑天的故事（卡塔），而當時講述黑天故事的人被稱作「卡塔克」，因此兩者結合起來，卡塔克舞一名由此緣出。大多數則認為，「卡塔克」原來是一個種姓的名稱，該種姓的人世代以舞蹈為職業，由此謀生。他們跳的舞蹈由其種姓而命名為「卡塔克」舞。該舞派的一大特點是舞者腳上必繫有眾多小銅鈴，有時多達數百枚，清脆而連續的悅耳鈴聲，令觀者目睹耳聞，應接不暇；舞蹈高潮時，台上鈴聲、台下掌聲連成一片。後來，該舞蹈在民間流傳甚廣，以致在銀幕上、舞廳裡，如沒有卡塔克舞出現，人們便會有索然無味之感。

「曼尼普利」（Manipnri）舞派起源於有「舞蹈之鄉」美譽的曼尼普爾地區。該地區位於印度東北部，舞派的名字「因地制宜」，由而傳襲下來。關於「舞蹈之鄉」如何產生的問題，民間流傳著一個動聽的神話。在很久很久以前，濕婆神與雪山女神協力創作了一種姿態優美的舞蹈。他們遍遊各處，專門挑選山谷地帶，因為唯此地形適宜跳這種優美的舞蹈。功夫不負有心「神」，他們終於找到一條合適的山谷。但美中不足的是，這條山谷浸於水中。於是濕婆神揮動三叉戟，劈山填平窪地，排出積水，建成了跳舞場地，這便是今天的曼尼普爾。由於此舞的始跳者是濕婆神與雪山女神，是兩神在皎月下翩翩起舞，因此這舞派最著名的舞蹈有「擊掌舞」、「伴侶舞」、「月光舞」等等。

民間戲劇

印度的音樂舞蹈和古典劇作在全世界可謂聞名遐邇，但人

們對它的民間戲劇知之甚少。這類民間戲班雖然難以登上大雅之堂，但由於它們的劇目來自民間，為平民百姓喜聞樂見，也由於戲劇班費盡心機，設計了種種巧妙方法，採用了各種吸引觀眾的高招，因此民間戲劇有著不竭的生命力。

一個戲班能否成功，劇團內部的建設至關重要。戲班藝人在長期的成功與失敗的摔打中積累了豐富的經驗與教訓，他們不斷完善戲班的組織結構，形成了敬師、敬神、領班制的合理機制。

戲班能否招徠觀眾，台柱是舉足輕重的。因此戲班的首腦是師長，他在戲班中的地位至高。各種儀式由他主持，人員由他任命，分配由他最終審定。為了使戲班和平地延續下去，師長在生前就選好接班人，通常是他的高足或本家族才華出眾者。接班人選好後，師長在演完一生中最後一齣戲時，當眾把包頭布纏在接班人頭上，然後在他的嘴裡放幾塊糖。如果不是在戲台上交班，那麼也必須舉行交班儀式，屆時不僅本戲班全體成員出席，而且也邀請其他戲班和地方紳士出席。這種在眾目睽睽下舉行交班儀式，目的顯然在於正名，以防班內爭鬥而導致全戲班散伙。如果師長生前未確定接班人，那麼位置空缺，由領班中的一人代職，直到有了眾望所歸的台柱，由領班中年資最長者主持交班儀式，給新師長纏上包頭巾，贈上禮品。為了確保師長制的穩定性，戲班中唯有師長一人有權招收新徒弟。招徒時舉行拜師儀式。不經拜師學藝，任何人都不能登台。

領班在戲班中的地位僅次於師長。每一戲班可設一至三名領班。確切地說，他們的主要任務不是登台演戲，而是負責許多行政後勤事務，諸如選擇劇場，準備舞台道具，籌措資金，負責日常開銷，了解對手的情況，調查觀眾意向，等等。領班

由師長任命，任命儀式也在公開場合進行。比如在演完一齣新劇之後，師長登台，按傳統規矩，給新領班纏上包頭巾，當眾宣布任命。如果不在演出期間任命領班，那就必須舉行正式的任命儀式。任命領班和擇定新師長一樣，也須選擇良辰吉日，邀請其他戲班及地方長老出席。

但是，光靠人治是不夠的，內部勾心鬥角仍時有發生。為了進一步抑制不團結的因素，戲班因地制宜，請出了神。在確定師長時、任命領班時，以及在其他重大節目，乃至在一個新劇目準備公演時，都首先要敬神。所敬之神，各戲班是不同的，有的敬「巴掌」（力量的象徵），有的敬「藝術女神」，有的敬「三叉戟」（濕婆神象徵）。神的標幟是臨時畫在牆上的，如畫上藝術女神、三叉戟；有的甚至把薑黃水塗在手上，然後把手掌印在牆上，這便是「巴掌」。敬神時點燃牛糞，然後往火上澆酥油，散灑鬱金香粉和其他香料，也往火上扔大米、丁香、鮮花，並且有時往火上澆酒，總之讓火又吐又香。然後從師長、領班到各成員依次敬神，並在神前宣誓。由是戲班中各級次序的排列便從人治上升到神治。

印度民間藝人的智慧不僅在於建立了穩固的內部機制，而且在吸引觀眾、取悅觀眾，與觀眾打成一片方面，也顯示出眾多光彩。

戲劇的對白、外白常採用歌唱的形式，這對於善歌善舞的印度民眾自然有著很強的吸引力。有時甚至出現台上唱、台下和，演員與觀眾歡融融的場面。

為了讓更多民眾有暇看戲，戲班演出的時間往往與民眾的作息時間相配套。如在冬季，戲劇從中午十二點或下午一點開始，演到下午五點左右結束。逢夏天時，劇目從晚上十～十一點「啟幕」，到第二天早晨結束。如果逢節日、廟會等，戲劇

往往從晚上八點開始，到凌晨一點左右「落幕」。如果上演的是連本劇，其中也沒有幾幕幾場的規定，每晚演到觀眾怠意出現時便中止，第二天再接著演下去。如果需演七～八天的劇目，那麼每演二～三天後，停演一天，一則讓觀眾休息，二則更吊他們的胃口。

戲班自有做廣告的訣竅。每次新劇排好，選出五——七名演員，穿著全套戲裝，扮著角色，坐在汽車或者馬拉和牛拉的平板車上，招搖過市，招徠觀眾。有時演員們全身戲裝站在戲台外迎接觀眾。在正式劇目開演前，他們往往來一段小品，先令全場開顏；丑角也常常故意出些洋相，令大家捧腹。

拉攏地方富豪、有勢力之人，向這類財神爺獻媚，這也是戲班求生存、求發達的高招之一。例如，開演前演員登台，站成一排齊唱祈禱歌。歌詞唱及濕婆神、藝術女神、戲班創始人、師長、已故的藝術家，然後總不忘唱及包戲的富豪及當地財神、有勢力的紳士。還有的戲班乾脆把女角分給當地的大戶，由他們去派給各自相中的人，並由他們請專人化裝。這不僅讓大富豪隨心所欲擇角，而且也是一個顯露財富的好機會。在民間戲劇中，女角的化裝特別講究，從頭到腳都須佩戴真正的金銀珠寶。於是這也常常是一場比闊氣、比財勢的競賽。富豪們常常傾家中最珍貴的珠寶來打扮女角。

劇情的發展和演出的安排不是死板一塊，有時可尊重觀眾的意見，按照他們的情緒即興變通。如果某段唱腔或某段妙語連珠的對白令觀眾大悅，觀眾們便舉手大叫：「再來一次，再來一次！」每逢此時，演員便暫停劇情的發展，再唱一遍或再念一段，直到觀眾盡興，或者直至演員實在累乏，此時他（或她）只能雙手合十，一再請觀眾原諒。有時男女演員覺得有必要，也可即興節外生枝，如女演員假裝悄悄溜掉，男演員突然

發現後，把她拉回或扶回（因有時全身的金銀裝飾太多太重）台前並大聲說：「台後幽會的事以後再說吧，還是先安慰安慰台前熱忱的觀眾。」於是，台下嘩笑，鼓掌聲四起，呈現歡融的高潮。相反，如果劇中對白太長，觀眾感到不耐時，演員便立刻停止劇情，揮上一些打諢逗笑或唱上一曲，獻上一舞。待觀眾的情緒轉換過來後，演員再接著劇情演下去。

民間戲劇充分利用自身不甚正規的優勢，有時也可以讓演員與觀眾配合演上一段。例如劇情發展到飲食時，演員可提示附近某個食品店的甜食如何可口，觀眾中如有人欣然前往，購來此甜食時，購物者盡可瀟瀟灑灑送上台，演員便會津津有味地大吃起來。此時必然觀眾大笑，鼓掌不息。

如果觀眾對某個演員特別欣賞，他可以上台給予賞錢。此時演員會把慷慨解囊者的名字隨口編入歌詞唱出來。這一規矩更惹得印度的「大款」們人為高興，既可隨意捧他們喜歡的角兒，又可顯示自己的闊氣和大揚名氣。

總之，戲班不僅要和正統的音樂舞蹈、古典劇作爭奪觀眾，而且還要在戲班相互之間的競爭中站穩腳跟。因此，一個戲班要生存、要發展，這不僅是鬥藝、鬥技，而且還是鬥智，看誰有更多的高招把觀眾緊緊拴住。

魔術

R・塔帕爾（Romila Thapar）教授在《印度歷史》中認為，印度在歐洲人的眼裡有三大特色，「展現為一幅土邦主、耍蛇人和繩索把戲的畫卷。」而這最後一項便屬於魔術（漢譯佛典稱之為「幻術」）。古代印度魔術的發達程度究竟如何，

憑現有的資料很難描繪出清晰的全貌。當然，儘管「幻術」是民族藝術的一種，但如「幻術」這樣的民族藝術是否屬於智慧的具體表現形式之一，這也是見仁見智的問題。本文擬從各種資料中摘引有關古代印度幻術的描述，以給讀者若干印象，然後由讀者自己下判斷。

據東晉干寶《搜神記》記載，在晉朝永嘉年間（公元三〇七～三一三年），有天竺人到江南來，表演了四種幻術。

其一，「剪絹還原」。「取絹布與人，各執一頭，對剪中斷之，已而取兩斷合視，絹布還連續無異故體。時人多疑為幻，乃陰試之，真斷絹也。」

其二，「吐火術」。「其吐火，先有藥在器中，取火一片，與飴糖合之，再三吹乎，已而張口，火滿口中，因就熱取以炊，則火也。」

其三，「斷舌復原」。「將斷舌時，先以舌吐示賓客，然後刀截，血流覆地，乃取置器中，傳以示人，視之舌頭猶在，繼而還取含續之。坐有頃，人見舌則如故，不知其實斷否。」

其四，「燒物不損」。「取書紙及繩縷之屬投火中，眾共視之，見火燒熱了盡，乃撥灰中，舉而出之、故同物也。」

魯迅先生在《中國小說史略》中說：「魏晉以來，漸譯釋典，天竺故事，亦流世間，文人喜其類異，於有意或無意中用之。」魯迅先生接著舉例：我國的「鵝籠書生」幻術故事，源出於印度《譬喻經》。「鵝籠書生」敘述：陽羨許彥，帶著裝鵝的籠子經過綏安山時，遇見一位書生。書生聲稱腳疾，要求寄居鵝籠中，許彥就讓他進籠與兩隻鵝並肩而坐。奇怪的是人未縮小，籠子也未見大，一人二鵝卻綽綽有餘。書生出籠後，因見許彥口渴飢餓難忍，便口中吐出一系列酒器，美味佳肴，他與許彥舉杯共飲。為消飲酒寂寞，書生又從口中吐出一個女

子，女子口中又吐出一個男子，男子口中復吐出一名女子。他們又唱又舞，為許彥與書生助興。最後書生一吸氣，男女眾人與酒器等一概還入口中。我們再來看看《譬喻經》的記載：「昔梵志作術，吐出一壺，中有女子與屏處作家室。梵志少息，女復作術，吐出一壺，中有男子……梵志覺，次第互吞之。」

我們再來看看晉代王嘉《拾遺記》中的記載。當然，記載中的印度幻術是否周、秦時的史實，還是大有商榷餘地的，因為許多專家斷言，中印文化交流未必有那麼早。

一則記載說：「成王即政七年，南陲之南，有扶婁之國，其人能機巧變化，易形改服……或吐人於掌中，有百戲之樂，宛轉屈曲於指間，見人形或長數分，或復數寸，神怪欻忽，炫麗於時。」

另一則說：「燕昭王七年，沐胥之國來朝，則身毒國之一名也。有通術人名尸羅……喜炫惑之術，於指端出十級浮圖十層高三尺，乃諸天神仙，巧麗特絕。」這與當代的「搬運法」和「障眼法」何其相似，因為我們在電視中看到了美國魔術師大衛在眾目睽睽之下把飛機變掉的事實，而且大衛甚至能把自由女神像變掉。

據《高僧傳》記載來看，從西域來華的一些高僧，大多也會一些幻術。例如，佛圖澄在晉永嘉四年（公元三一〇年）來到洛陽，為了顯示西域高僧的法力，以便在中土宏揚佛法，他表演了「鉢內生蓮」。據記載，佛圖澄用一只空鉢，灌上清水，然後雙目緊閉，兩手合十，口中念念有詞。頃刻間，鉢內發芽生枝，開出嬌艷的蓮花。天竺和尚的另一手本領是「九蓮燈」。他拿出一幅紅氈。由觀眾檢查兩面後，他把氈捲起，忽然從中提出一連串蓮花形的串燈，上下銜連，一共九盞，盞盞

有燭火燃燒，猶如九朵琉璃花連成一串。另一位天竺高僧對著雪白的粉牆噴上一口清水，壁上突然顯出若干朵紅蓮；接著再噴第二口水，蓮花瞬間隱去。佛教故事中還有噴酒牆上竟會出現五色相渲的「維摩問疾像」。

鳩摩羅什是西域龜慈人，他先學印度文化，而後又到中原，譯出許多佛經。他為了顯示自己的神通力。曾當著眾僧，顯示過「吞針」的絕活：「聚針盈鉢……引匕（匙）進針，與常食不別。」另外，佛典《法苑珠林》中也記載著印度發生的類似法術：「天神化作一人……食針一升。」

此外，《洛陽伽藍記》中也有幻術的記載。但此時是中國人還是印度人或西域人表演，就混沌不清了。然而說是中印文化合璧，這大概不會有錯。因此這是否也可側面反映出印度的幻術呢？《洛陽伽藍記》描述：「召諸音樂，逞技寺內；奇禽怪獸，舞什殿庭。飛空幻惑，世所未睹；異端奇術，總萃其中。剝驢拔井，植棗種瓜；須臾之間，皆得食之。士女觀者，亂精迷。」該書還記載長秋寺「作六牙白象，負釋迦在虛空中，莊嚴佛事，悉用金玉……四月八日，此像常出，辟邪師子，導引其前，吞刀吐火，騰驤一面。」

泰戈爾的詩

詩人的智慧體現在他的詩中。泰戈爾的詩，就是泰戈爾的智慧；談論泰戈爾的詩，就是談論他的智慧。

泰氏一生詩作浩翰，他借助詩闡述思想，抒發情感，表達對神的嚮往、對人的探索……本文無力作全面探討，只想對他如何深入淺出地闡發內心深奧玄妙的思想作一掃描，或許也能

發現偉大頭腦中的斑斑閃光。

　　讀宗教名詩常常如霧中看花，只有一種朦朧美。泰戈爾的宗教詩不僅保存了這種朦朧美，有時還能撩開霧紗，讓人一睹真切美。他的方法便是人置身神中，神置身人中，人與神融在一道。例如，泰氏在一首詩中闡發了「神我一如」的感覺：「那日夜在我血脈中奔流的生命之河，也同樣在這世界中奔流，並按節律聯袂起舞。就是這同一生命，化作無數的草葉，歡樂無比穿透大地泥土，迸發為花葉喧騰波浪。」「我的四肢由於這生命世界的接觸而蒙受榮耀，而我的自豪是由於多少世代的生命脈搏此刻正在我的血液中跳動。」（《吉檀迦利》，第 69 篇）如果說，這還只是一種朦朧美的話，那麼在另一篇詩中，作者則真切地與神一起置身於美境中：「今日，夏天攜著歎息和低語來到我的窗前，蜜蜂在鮮花盛開的庭院中盡情吟唱。是時候了，我與你（指神）相對靜坐，在這寂寂而充裕的光陰中唱出生命的獻歌。」（第 5 篇）當「清晨的靜寂之海泛起鳥語的漣漪，路旁的鮮花洋溢著一片喜氣」時，當「太陽升耀中天，鴿子在樹蔭中咕咕」時，「看見神就站在我身邊。」（第 48 篇）

　　當泰戈爾在描述神的時候，為了使神性與人性更貼近，他幾乎將神完全人格化。泰戈爾寫道：神穿著襤褸的衣衫來到人間社會底層，在「至貧至賤，一無所有的人群中歇足」，來到「農夫耕耘著堅硬土地的地方，在築路工人身處破碎石頭的地方。頭頂烈日，冒著陣雨，神與他們同在，長袍上蒙著塵土。」（《吉檀迦利》第 12 篇）

　　為了使人們更好地理解抽象、深奧的哲學命題，泰戈爾還藉著高度的形象性來加以表達。例如，在闡述人的靈魂與宇宙之魂具有實質的同一性時，他說：「只有有限，猶如沒有光的

燈，沒有鍵音的琴；僅有無限，也只是一片空寂。」（《人格》）在他筆下，宗教哲學中的「絕對者」——梵，也從一個抽象無形的概念，變成具體有形的人格。「絕對者」化作「清晨來了，右手提著金籃，帶著美的花冠，靜靜地給大地加冕。」「絕對者」化作「黃昏來了，越過牧群遺棄的荒涼草地，穿過杳無人跡的路徑，用金罐從西方的憩息之洋攜來寧謐的冷飲。」（《吉檀迦利》）當詩人以各種物、景、氣象來具體描述最高實在的精神時，他在不知不覺中使人領悟了「萬有同源，皆出於梵；萬有一如，皆歸於梵」的真諦。

當詩人意欲流露自己複雜、細膩的感情時，他以抒情的手法來一顯真誠的嚮往、急切的期待、焦慮的思念、離別的憂傷和相聚的歡樂。例如，他在悲傷時，「花兒垂頭不放，風也歎息嗚咽。」他在歡暢時，「行雲頻頻向他致意，風也帶來陣陣清香。」（《生命的親證》）他甚至以謳歌的方式來表露自己對死亡的看法：「我熱愛今生，也熱愛死亡，因為死亡是今生的一幕，它預示新劇繼續展開。我渴望死於不死之中。」（《吉檀迦利》）

借用不同的景致來抒發自己的各種感情，這大概是詩人們慣用的手法，泰戈爾在這一方面的技巧可謂爐火純青。首先，詩人認為：「歡樂是無所不在的，它存在於覆蓋大地的青草中；存在於寧靜的碧空中，，存在於生氣蓬勃的春季；存在於嚴酷灰白的冬天。」（《生命的親證》）當詩人快樂時，他就會想到「樹葉上舞蹈的金光」；心情舒暢時，猶如「飄游天空的閒雲」和「習習涼意的清風」。於是詩人的百感由著筆端流淌，詩人歡欣時便是四月芬芳，晴空萬里；詩人憂鬱時便出現七月陰沈，暮暮雨夜。從正午一片金色而靜穆的田園、黃昏蒼茫茫的濱海，從初夏盛開的紅蓮爭妍鬥艷、深秋飄零的黃葉沙

沙席捲，從熹微的晨光、怒射的晚霞，從沈悶剝落的四牆、一覽無遺的群山，無一不折射出詩人時時處處的心境。當「樹葉在頭頂上沙沙作響，子規在蔭處囀囀啼唱，彎彎道路襲來陣陣花香」時，當「荒徑行人潛踪，驟風迭起，河裡波浪翻湧」時，詩人的心情不也融在景致裡了嗎？

　　泰戈爾熟練而巧妙地運用各種技巧和方法的事例實在一言難盡。有時他像神祕主義詩人，將人與神比作一對戀人；有時他是平民百姓中的一員，把農家口語引入詩歌創作。有時他如一位音樂大師，「新的旋律從心底湧出。」有時他又像一位僧者，頻頻傳揚「不僅自我完善，還應施愛於人。

　　總之，當這一切集於一身時，印度民族便向世界奉獻了一位偉大的智者型詩人，他就是——泰戈爾。

漫畫

　　一個民族的漫畫體現了該民族的幽默之智，這大概是無需贅言的。

　　印度姑娘的嫁妝至關重要，它決定了她的下半生幸福與否。豐厚的嫁妝可令姑娘錦上添花，窮人的女兒卻常常成為嫁妝的殉葬品。一九八二年，新德里揭露出慘無人道的一幕：有一位商人在八年內娶了四個老婆，並且統統使她們葬身火焰。怵目驚心的悲慘場面當然是漫畫諷刺的目標。粗粗翻閱《印度斯坦時報》，有關該話題的漫畫常常赫然在目。一九七六年八月的一幅漫畫上畫著一位標緻、苗條的新娘正緩緩步入婆家。但仔細一瞅，這姑娘是由一大包盧比巧妙構成的。又如一九八〇年五月的第一版刊載了一幅漫畫，父母大人正在閱覽報刊的

徵婚啟事，邊上的兒子似有哭泣樣。父母對他說：「兒子，不必傷心，稱心如意的姑娘有的是……哪怕再燒死幾個！」果然，漫畫的一角還有一堆火灰及未完全梵毀的屍骨；邊上一只小桶赫然屹立，裡面當然是汽油。

童婚是印度的又一普遍現象。聖雄甘地十三歲結婚，他以親身經歷的痛楚，奮而反對這一陋習；印度獨立後，法律也禁止女孩子不滿十八歲結婚。可是這些都形同虛設，尤其在農村，一個女孩在十三～十四歲時還沒有結婚，就會被認為是嫁不出去了。一九八五年的《印度斯坦時報》上仍刊有一幅漫畫，對童婚進行諷刺，可見這頑疾的根深柢固。不過畫面的構思倒也別出心裁：那是一長排房子的縱剖面圖，每間屋中都是男女兩小孩在做遊戲。其中兩間屋子中的女孩呈孕婦樣，另三間屋子的女孩胸前居然還緊縛著一個嬰孩，她們與年齡相仿的男孩同樣在做小孩遊戲。漫畫標題是：「夫妻閒暇的一剎那」。

印度人口過多已成憂患，關於這方面的漫畫也不在少數。一幅漫畫畫面遠看是一位瀟灑的賽跑運動員，只見他穿著斑斑點點的運動衫，甩著頭衝刺終點線，把身後一些西方模樣的運動員遠遠甩在後邊。近看畫面，這冠軍的表情不是勝利的歡悅，而是極度痛苦，身上的斑斑點點也成了不堪重負的密密麻麻的人口，終點線寫著「人口危機最後極限」。不過漫畫中似乎還沒把中國運動員列上。

印度官場中奉承拍馬的陋習似積重難返，諂媚在政治和公共生活中已司空見慣。執掌大權的英·甘地理所當然成了盲目崇拜的焦點，形形色色的政客為了獻媚而拋棄了一切道貌岸然的偽裝。漫畫家當然不肯放過這一機會來顯示一下才智和發洩自己的不滿。有一幅漫畫的構思頗有點「指鹿為馬」的味道，

但它的中心點不是突出「趙高」的專橫跋扈，而是眾臣的奉承諂媚和怯懦隨從。一個陽光明媚的春晨，甘地夫人說夜幕已經降臨，大臣們便爭先恐後衝到窗前，急不可耐地呼叫：「是啊夫人，星光燦爛！噢，還有一輪皓月當空！」

　　像孟買這樣的古老城市，由於市政建設跟不上，許多地方已成了爛攤子；然而現代文化仍在不斷滲入，青年一代的新奇追求也仍在繼續。一幅漫畫把這看似互不相關的兩件事，有機地聯繫在一起。畫面是藝術館咖啡廳，穿著入時的青年呷著咖啡（印度與中國一樣，主要是飲茶民族），欣賞和談論著藝術。但由於孟買陰雨漣綿，館廳內地上的積水已有幾寸厚，因此這些藝術品和西方生活象徵的鑑賞者腳浸在水裡，褲管捲起，但已濕透，可是樣子還是絕對優雅。其中有位小伙子曉著二郎腿，褲管上的水還在滴滴淌下，但他呷著咖啡，正品味得出神。一位女士儘管額上畫有「卍」字，但卻是一身牛仔衣褲，站在水中雙目緊閉，盡情地讓藝術撞擊著心靈。也許他們的心態是平衡的，因為他們認為自己生活在「東方巴黎」。（真奇怪，中國人也把上海稱作「東方巴黎」，而且孟買人和上海人的某些心態也趨於一致，例如，雙方都為自己繳納了所在國稅收的最大份額而沮喪，同時又為自己幹著所在國其他地方明天才能幹的事而自鳴得意。）

　　當然，聰明過頭，也會弄巧成拙。印度各宗教的教派關係本無多少幽默可言，此時如硬要插入幽默，便會造成難以收拾的尷尬局面。一九八二年，幸爾·辛格當選為印度總統，他是印度歷史上第一位錫克人總統。印度當代著名漫畫家薩迪爾·達爾抑制不住突如其來的靈感衝擊，在《印度斯坦時報》上發表了一幅漫畫，畫上印度的總統宮殿，但中央的圓頂則用了錫克人的一塊包頭巾。從漫畫藝術的眼光來看，這構思確實令人

叫絕。正當薩迪爾為自己的傑作洋洋得意時，社會上卻掀起了軒然大波。錫克教徒和印度教徒都憤怒地揮舞著拳頭，他們都感到受了嘲弄，都認為自身受到了傷害。數以千計的印度教徒和錫克教徒向《印度斯坦時報》寫了責問信。

美容

　　愛美是各民族的共性，但對待美容的態度和美容的方法則各有區別。它們取決於社會發展的經濟、政治、生活習俗、地理物產、風土乃至道德準則等條件。印度民族也不例外，他們為了更好地美飾自己，總是因地制宜，千方百計地創造條件。

　　印度人的化妝術在古代就十分流行。阿旃陀的洞窟壁畫生動地反映了這一點。畫中人顯然都已懂得美容術，因為她們的眼睛被畫得更大並呈扁桃狀。這一美容風氣一直流傳至今，現時的印度婦女仍會以這樣的標準描畫眼睛。在哈朱拉霍（十～十一世紀）神殿奧利薩廟宇以及文底耶山以南的一些印度寺廟中，我們都能看到一些婦女對著鏡子梳妝的雕塑。

　　護髮和潤膚總是美容的目的，印度人根據社會地位和經濟條件的不同，採用各種化妝品來達到這一目的。英國人進入印度後，發現原王室和貴族夫人常使用一種化妝品，是一種膠水狀的液體，香氣撲鼻，印度人把它塗抹在臉上，然後在月光下沐浴，若干時辰後，它竟成為薄膜，可揭下來。據說這種化妝品對臉部皮膚的美容極佳。有些英國人便把它帶回母國，不知是陰差陽錯，還是英國人的創新，她們塗抹上這種膠狀液體後，是在太陽光下曬，據說效果奇佳。後來，有些初來乍到印度的英國婦女依舊按英國的習慣使用這種化妝品，結果有不少

人在太陽曝曬下中暑！

民俗學家艾希勒聞知這些新聞後，在他的《服飾與化妝》一書中介紹此化妝品時，還不忘告誡人們，不要忘記印度和英國之間的緯度差別。後來有人揭開了這種「東方神水」的祕密，原來是把產婦的胎胞研成粉末，拌上珍珠粉，然後用雞蛋清及當地的一種礦泉水，再加上香花汁攪和而成。

當然，一般婦女是用不起上述化妝品的，但她們也有自己的高招。民家女子常用水果及蔬菜汁混上一些藥草、野花汁，據說效果也不差。更出奇的是漁家女子，她們用鮮貝和海藻汁美容。據說她們有去腥味的訣竅，否則就不能說是美容了。可惜這技能已經失傳。若此說正確，那麼這種技術如果再發掘出來，在今日社會，恐怕也能申請專利了。

印度還有一種護髮的「東方魔膠」，據說也早在德里蘇丹時期（十三～十六世紀）就經阿拉伯人傳到西方。塗上這種「魔膠」以後，頭髮便可直立起來，大概有點像今日妙齡女郎使用的「慕絲」。然後這護髮者便到月光底下靜坐（又是月光，看來這與印度酷熱的氣候不無關係）。據說若能靜靜地在皎月下熬過夜，護髮效果更佳。清晨時分，用清水沖洗，頭髮便可復原，變得黑潤發亮且飄灑柔軟。據化學家說，這「魔膠」的主要成分是蜂蜜、雞蛋和樹脂。對此，恐怕尋常百姓也難有問津的經濟實力。

檀香木粉末則是富貧男女都喜歡，也都能使用的美容品。印度人用檀香木粉調上漆或其他混有染料的軟膏，塗擦全身，或者隨心所欲地畫出圖案。據說，檀香木粉不僅能使全身散發陣陣香味，而且在炎熱季節能冷卻皮膚。按照印度古文獻記載，依據檀香木粉軟膏的各種色彩，人們可區別各種姓、年齡和家族等社會身分。有些地區，檀香木粉也用於宗教儀式；而

在另一些地區，甚至還用於民間醫術

用銻來塗飾眼睛，這是印度人很早就使用過的。上述阿旃陀壁畫可以證明這一點。據記載，古代印度人用銻來塗眼瞼、眉毛和睫毛。他們用骨籤在含銻的染料中蘸一下，給眼瞼描一道邊，目的是使眼睛看上去更大。畫睫毛則是使它們彷彿變得更長，更含情脈脈。據印度人的看法，抹上銻還能預防炎症，這就成了一舉二得。

印度人認為婦女以小臉盤為美。為了取得這一效果，她們也想出了種種聰明的辦法。有的人在髮型上作文章，經過適當而複雜的梳理、編排，既使得臉盤變小，又讓旁人看上去明潔、得體。有的人在髮飾上做文章，在印度壁畫上可充分欣賞到這一技巧。還有的人則借助於鮮花的幫助，於是嬌嫩鮮艷、香氣襲人、臉盤小巧等諸多效果皆歸趨於一。

鮮花的美飾效應不僅僅展現在頭上，而且可把鮮花編成式樣繁多的裝飾品，如花環、手鐲等。佩戴的方式也各顯神通，掛在胸前、斜挎肩上、圍纏腰肢，飾頭、飾身、飾手、飾腿，甚至還可飾臀部。

印度婦女也熱衷於美飾嘴唇、手和腳的指甲。除了常見的擦口紅和漆指甲外，印度人還用一種紅脂油來抹嘴唇和指甲。這種似漆的化妝品會結成透明晶亮的薄膜，除了美容效果外，還可使指甲變得更堅硬，也可防止嘴唇乾裂。另有一些印度婦女為了在嘴唇和皮膚上求得金黃色澤，甚至用金幣或金塊進行揉搓。

印度人當然也不會忘記擦粉，因為淺膚色對印度婦女顯示身分太重要了。麥澱粉和紫羅蘭根合成的香粉是受普遍歡迎的。她們對於杏仁油、白蠟、玫瑰花浸出液調成的潤膚膏也一直樂用不疲。

「賓迪」即額上的紅點，是印度婦女幾乎人人都點飾的。實際上，「賓迪」以前是一種宗教符號，也不一定是紅圓點。濕婆信徒描上兩條或三條水平狀白線，然後在中間點上描出圓點，有時也可用一條垂直的豎線來替代圓點。毗濕奴派信徒有時畫三條線，邊上兩條是斜線，中間一條垂直線，三線下端連成一點；兩邊是紅線，中間是白線。有的婦女還在額上畫一「卍」字。後來這些逐漸演變成紅點，集宗教與美容雙重職能。但有些印度婦女沒有把「賓迪」描成紅色，而且讓它與紗麗的色彩和諧起來；這樣的話，美飾的成分顯然居多。

　　古印度人在整容方面也有一顯才智的機會。據說，一般要求動手術者大多是罪犯。據《舊唐書》記載，在中天竺，不孝則斷手刖足、截耳割鼻。因此有些人由於受刑而被割去了耳朵或鼻子，為了使容貌復原，外科醫生想方設法，為他們恢復鼻子或耳朵。然而，有關臉容整修的記載，實在寥寥無幾。

　　順便說及，印度婦女總是利用一切機會，來顯示自身的化妝美容才智。因此在節日、尤其在宗教節日中，人們便能一睹印度人多姿多采的美容本領。據說，常常會出現若干獨出心裁的創舉。例如，有一次，四名青年不約而同地用骨針橫穿自己鼻子的膈膜。這種勇敢的行為大概是公象啟示的。

印醫

　　許多中國人對中醫推崇備至，許多印度人也對印醫五體投地。有人試圖比較中、印兩民族的醫學，並斷言：「中國醫學是療病於已然，印度醫學是防病於未然。」儘管此結論大有商榷餘地，但他指出衛生學是印度醫學的一大特點，這大概是言

之有據的。印度醫學特別強調日用衛生，注意健康和延壽，這在佛典中就可找到許多見證。佛陀在世時就曾提出「四大不調即有四百四病」之說。佛教律藏中也常能見到一些養身之法，如早晨嚼楊枝，飯後靜坐調養身心等。寺院中講究清潔，這更是一貫的傳統。寺院不僅規定殿堂中絕對禁止涕吐，而且強調一點紙屑、雜物也不准扔下。

《沙彌功德聚義蘊疏》中記載：一位寺院主持某天在走廊中看到一張小紙片，他跪下，雙手捧起這張紙片，然後高高舉過頭，繞著寺院走了一圈，讓眾僧目睹這情景。其意有二：佛之一物不應任意糟蹋、佛之戒律不敢隨意踐踏。

醫學不發達，用咒語治病，這是一種原始的智慧。這種療法是許多古代民族的共性，但從運用的普遍性上說，印度民族排位在前列，這大概不會有錯。在古代印度人幾乎必讀的聖典《阿闥婆吠陀》中就記有許多咒語，用於治療各種疾病，或驅逐被認為致病的妖魔；並且有些咒語與適用的印草藥相伴相隨。例如一首治咳嗽的咒語——

> 如箭被磨利，
> 疾飛向遠地，
> 咳嗽亦須飛，
> 去向地之極。

另外有一首用黑色植物治療麻風病的咒語——

> 此藥生夜間，
> 色漆兼黑玄，
> 深染麻風疾，

塗去其灰斑。

　　大概有必要提一下印度醫學在治療生殖系統疾病方面的高
超醫技，因為儘管印度各大宗教都以倡導禁慾為標榜，但這並
沒有妨礙印醫在這一學科上的發展。再者，我們從一些醫療案
例中可看到，印度醫生的治療法充滿了印醫的特殊「智慧」。
二十世紀八〇年代，德里舊城中仍有一位德高望重的老印醫，
他常用幾千年以前《夜柔吠陀》中提及的植物、礦物作為藥的
配方原料，醫治那些屬於喪失生殖能力的疾病。其醫術及聲望
如何，大概從收費價位上也能說明一些問題。他的門診收償最
低為二五〇盧比，五千盧比以上的開價也不乏其例。即便如
此，他的診所仍每天門庭若市。

　　加爾各答也有一家名貫全印的診所，達賈爾醫師的治療是
訓誡加藥物。為了避免夜遺，他告誡男子入睡前不要喝牛奶及
辛辣食物，睡姿以側身為佳，並將位於上面的那條腿微微蜷
起；白天還要避免過度旋轉、快速奔跑和騎馬。達賈爾醫師治
療陽痿則需一個療程，其間患者要「抵制色念」，交替冷水和
熱水浴，浴罷服用達賈爾醫師開出的「印草藥」；如服用一定
劑量的鈣、錫或小塊生梨，必定能增稠精液。為了能勃起，他
在方子中再加上砷、藏紅花和麝香；另外，獅子油、熊油和海
狸油也是添加的配藥。凡用過此藥方的患者，無一不誇獎達賈
爾醫師的高超醫技。當然，藥膳是極聰明的方法，美食和治療
一舉兩得。達賈爾醫師在這方面也頗有研究。他常勸病人多吃
雞蛋；有時他悄悄在病人耳邊循循開導，告誡他們在做色、
香、味俱全的佳餚時，無論如何不要忘記放兩枚山羊的睪丸。

　　重視精神的人生觀在醫學上的反射則表現為重視心理療
法，這大概是印度醫學的又一聰明之處。佛典《大品》中有一

個關於名醫耆婆的故事，講述王舍城一名妓女的私生子耆婆，長大後成了醫道高超的醫生，其最大的特長就是醫術與心理療法相結合。據說，有一名整天閒不住的富商得了一種奇怪的病，百治無效。一天，他終於請耆婆來治療。耆婆深知商人好動，便詢問他能否做到右側臥七個月，左側臥七個月，最後仰臥七個月，否則此病不治。商人無奈，只得痛下決心。於是耆婆打開他的頭顱，取出兩條蛆蟲，縫好傷口。後來，病人在每個方向僅躺七天，即三七二十一天後就痊癒了。病人深感驚奇。耆婆解釋說：「如若不事先要求你每側躺七個月，恐怕你絕躺不了七天。」」據書中記載，這位巧妙運用心理療法的耆婆生活在公元前。這麼早期的印度人就深知心理療法的重要性，不能不令人嘆服。

讓我們轉換一下視角。中國古籍中保存了不少有關印度醫學的記載，從中我們或多或少可品味一下印度人在醫學上的聰明才智。《隋書·經籍志》中錄有從天竺傳入的《龍樹菩薩藥方》四卷，《西域諸仙所說藥方》二十三卷，《西域波羅仙人方》三卷，《西域名醫所集要方》四卷，《婆羅門諸仙藥方》二十卷，《婆羅門藥方》五卷，《耆婆所述仙人命論方》二卷，《龍樹菩薩和香法》二卷，《龍樹菩薩養性方》一卷。唐朝義淨法師所作《南海寄歸傳》中，其中有三篇醫學（即《先體病源》、《進藥方法》、《除其弊藥》）專論印度醫學，講解了治療瘡、身病、小兒病等。

還有一些印度醫者雲遊至中國，他們方術與醫術並用，把一些皇帝唬得暈頭轉向。這些人大都以製造延壽藥為幌子，但如果沒有一點製造補藥的訣竅，大概唐朝前期幾位明君也不會隨隨便便引頸吞藥並給他們封官進爵。據《舊唐書》卷三記載，那羅邇婆婆在金飆門造延年藥，藥成後供一代天驕唐太宗

服用。唐高宗時，天竺僧人盧伽阿逸多以「術進」，帝請其造長年藥。看來他的補藥頗為成功，因為高宗服後感覺上佳，便封他為懷化大將軍。玄宗時，北天竺沙門僧密多送來質汗等藥。

　　《宋史・藝文志》中保留了不少天竺藥方，其中可看出印度人在一些專科上是有特長的，如《耆婆脈經》、《波馳波利譯吞字貼腫方》等。據《宋史》來看，此時另有一些印度醫學論著也已傳入我國，如《耆婆五藏論》、《耆婆六十四問》、《龍樹眼論》等。《遼史》還記載，遼國王室得病甚重，回鶻送來梵僧名醫，可見印度醫術在當時一定頗有聲望，至少回鶻和遼國對其佩服得五體投地，否則何必千里迢迢請來高人呢？《元史》記載，亦里迷失山使西域回來，頗為得意的一件事就是得到了印度的「良醫善藥」。

　　當這本小書在此打住的時候，突發奇想：別具一格的印度文化中透現的印度智慧是否也能使芸芸世人「頗為得意」，欣喜於得到了印度的「良醫善藥」了呢？

國家圖書館出版品預行編目資料

印度的智慧，林太 著 -- 初版 --
新北市：新視野 New Vision, 2019.07
　　面；　公分 --
　　ISBN　978-986-97036-9-7（平裝）
1. 古印度　2. 民族文化

737.08　　　　　　　　　　　108008074

印度的智慧

林太　著

主　　編　顧曉鳴
企　　劃　林郁工作室
出　　版　新視野 New Vision
責　　編　林郁、周向潮
　　　　　電話：(02) 8666-5711
　　　　　傳真：(02) 8666-5833
　　　　　E-mail：service@xcsbook.com.tw

印前作業　菩薩蠻數位文化有限公司
印　　刷　福霖印刷有限公司

總 經 銷　聯合發行股份有限公司
　　　　　新北市新店區寶橋路 235 巷 6 弄 6 號 2F
　　　　　電話 02-2917-8022
　　　　　傳真 02-2915-6275

初　　版　2019 年 08 月